崔漢善（희렌최）——著　莊曼淳——譯

好感的開始

如何贏得朋友，
打造期待再次見面的獨特魅力

方舟文化

各方推薦

人類的生活本質充滿無數種關係。被當成具有吸引他人魅力的人並靈活溝通，藉此得到他人的好感非常重要。打動對方的技術可能帶來意想不到的幸運，也會為人生帶來莫大的力量。崔漢善是一位懂得如何讓初次見面的人敞開心扉，並引導他們深入交談的資深採訪者。這本書裡充滿了如何溫柔敲擊人心的獨有祕訣。不是賦予模糊不清的勇氣，而是發現並培養自己魅力，以及解決自己的工作、人際關係、生活的具體方法。越讀越能累積更多自信。我很高興這本書可以為眾多夢想建立成功人際關係的人帶來希望。

孫美娜（作家，前ＫＢＳ主播）

可以過自己的人生、擁有美麗的外貌、成為富翁等，這個世界上有很多人抱著各種欲望活著。這些願望最終都可以與好感連結。為了展示自己的魅力並喚醒正能量，我們不斷努力、成功、甚至感到煩惱。即使擁有優良的基因，並刻苦努力的提升自己，如果不能散發出好感，又有什麼意義呢？若不知該從何下手，或者懷疑自己為什麼總是離目標還有一段距離，可以在這本書中找到答案。崔漢善長久以來將自己的缺點昇華成優點，並以此改善弱點。由她撰寫的這本書將幫助讀者感覺到自己是有魅力的存在。不是單純的羅列方式，而是代入故事情節，所以更加有趣。這本書是我們夢想中生活的開始，也扮演著畫龍點睛的角色。

尹洪鈞（音譯，精神健康醫學系專科醫生，《心靈持久力》〔마음 지구력〕作者）

見了面心情總是很好，而且會感受到正能量，下次還想再見的人。對我來說，崔漢善就是會帶來這種好感的人。我一直很好奇不管在什麼情況下，總是可以散發積極、亮眼魅力的祕訣為何，在這本書中，我找到了答案。曾擔任過製作人，目前轉換跑道成為人際溝通講師及創作者的她，將過去的經驗濃縮在這本書中，提供讀者們尋找專屬自己魅力的方法。同時，也告訴人們該如何讓自己內心的種子開花，才能與對方建立良好的關係。這是一本可以讓想要獲得更多好感的人，學習具有健康魅力的書。

崔瑞英（音譯。作家，訂閱數六十萬的生活品味創作者）

如果這本書是人際溝通領域排行第一的創作者傳授的好感技巧，也許可以期待裡面會告訴我們一些語氣和發音、微笑和傾聽等技術。然而，對不起……不，應該是太幸運了，這本書不是那樣的書。它不會告訴我們為了得到好感，必須成為失去自己本色的存在，而是讓我們學會能夠包容真實自己的書。這是一本強調將自身缺點變成自己的關鍵詞，並將個人特色變成吸引他人魅力的書。這本書會讓人覺得自己是討人喜歡的存在。這本書是我好感的開始，真是太好了。因為它不會讓人在遠方徘徊，而是就近尋找自己的魅力。甚至，這麼有魅力的作者崔漢善還仔細記錄尋找自我魅力的旅程。我們只要跟著她找到的捷徑——《好感的開始》前進即可。

金民哲（音譯。作家，《走入工作的方法》（내 일로 건너가는 법）作者）

作者序

我在一個充滿好感的地方，開始了我的職業生涯。這裡是讓人露出笑意的愛情告白往來之處，也是人們一邊唱歌，一邊盡情歡笑的地方。當時的我是在廣播電臺，擔任製作廣播節目的製作人。除了正統的廣播，我還製作過廣播形式的新媒體內容，也和許多廣播、電視人見過面。

因為媒體公司充斥著個性十足的人，所以在這裡的生活很辛苦也很困難，不過至少我製作的節目充滿了愛。每週製作偶像歌手演出的內容時，從粉絲們投稿的故事中，總是毫無保留的充滿愛意的稱讚，還有意想不到的機智描寫和比喻。透過粉絲們的濾鏡觀看，會發現「敏感」變成「敏感美」，「容易弄壞物品的手」也變成「魔法手」，各種看似缺點的特色都變成吸引人的魅力。按照粉絲們的說法，從演出者的身上，他們看到從未見過的美麗。站在一起創造內容的同事或從創作者角度看演出者時，我也發現過去未曾在他們身上看過的樣貌。同時，我也從中領悟到一些東西。

「如果可以再次看到那個人就好了，這就是好感的開始」

人們在很多瞬間想要得到好感。然而，工作得越久，建立越多關係，人與人之間總是讓人覺得新奇又困難。工作技術會隨著年資的累積而進化，但是人際相處的技巧卻並非如此，所以經常讓人苦惱。因此，聽眾們寄來的真心讓我有更加深刻的感受。如果可以像他們一樣，以仔細的眼觀察對方，甚至細心觀察自己，就會萌生出好感的新芽。

因為感興趣而開始有好感。看久了之後，就會知道對方的優點，進而產生好感，這就是人的心理。然而，在忙碌的日常生活中，讓對方再次看到自己的這件事其實並不容易。因為除了極少數天生散發耀眼光芒的人外，大部分人得不到對方的密切注意。因此，我認為如果想要抓住擦肩而過的偶然，使其成為緣分，抑或是渴望讓他人對自己產生好感，並建立良好的關係，應該要先回頭審視自己。用帶著好感的視角仔細觀察自己，也許會累積正面的心態，顯露出散發光芒的樣貌。

長久以來，比起自己，我總是向他人投以帶著好感的目光。二十歲出頭的我，以電影學徒的身分，而在踏入社會生活後，我則身為製作人站在鏡頭後面注視著他人。但是，在我離開廣播電臺，並開始經營自媒體後，情況開始出現變化。不，是我必須改變。要想讓觀眾在如恆河沙數般的眾多影片中，看我的作品一眼，我必須散發光芒。為了在保持自我風格的同時，打造出讓觀眾產生好感的樣貌，我就像過去看著演出者一樣，觀察自己。於此過程中，我看到自己所不知道的優點。比起勉強編造，我因為展現出真實的一面，讓這個世界也開始接受我。

我依舊在喜歡自己的同時，又討厭自己。一下子討厭，一下子又喜歡上自己。恐怕一輩子都會像這樣反反覆覆。但是，我相信像這樣反覆喜歡和討厭，本身就擁有希望。因為喜歡和不喜歡也是源於有興趣。只要關心並注視著自己，總有一天會找到更好的方向。自己越來越好的樣貌，會讓我們再次對自己產生好感。

在各式各樣的人際關係中，我們偶爾會迷失方向。這時，我就會想起那些自己想要效法的人們展現出的態度。溫柔又堅強，且擁有自己獨特氣質的人們會如何對待他人？在遇到困難時，會對自己說些什麼呢？神奇的是，一想起和自己覺得帥氣的人所共度的瞬間，就能喚起記憶。

為了保有回憶、摘要、觀察那些擁有具有吸引他人魅力的人所留下的紀錄，一點一滴累積成了一本書。希望我所記錄的多彩魅力，也可以成為你發現並重新審視自我的線索。

第三章 找到自己人

第四章　具備獨一無二的魅力

第一章

改變看自己的視角

具有好感的人們有一個共同點，
那就是擁有屬於自己吸引人的魅力。
然而魅力是相對的，
因此會根據眼光的不同而出現差異。
也就是說，自己的缺點
也可以成為魅力的素材。

所以，試著練習理解並包容
原本的自己吧！
好感都是從自身開始。

決定緊緊依附自己所擁有的

「床不是家具，而是科學。」

這是小時候，在電視上看到的某家床墊公司的廣告詞。就算過了幾十年，還是記憶猶新。甚至，當時的小學生在回答「下列何者不是家具」的選擇題時，因為被這句廣告詞影響而誤選成「床鋪」的事件，還成為熱門話題。這句廣告詞也成功在人們的腦海中扎根。在推出品牌時，廣告商將重點放在塑造品牌形象，並讓社會大眾認識具體特徵。最後，如廣告商所願，該床墊品牌得到了「科學的」、「可信度高」的形象。更有趣的是，比起廣告詞留下的深刻印象，床墊設計等「形象」並沒有在大眾的腦海中留下什麼特別的記憶。品牌形象的力量比文字還要強大，甚至有「百聞不如一見」的說法。然而，如今一句精妙的句子或關鍵詞，卻反而超越了形象。就像「床是科學」這句話儲存在我們的記憶中，並在無意識中建立的形象，有時會發揮比形象本身還要更強大的力量。

在這個「形象」更常被人談論的時代，我們也不能忽視文字的力量。顯示器和智慧型手機液晶畫面中的照片雖然即時又時尚，在傾瀉而下的形象洪流中，卻很容易一閃而過，很難留在記憶中。相反地，書中的名言佳句卻可以在某人的心中存留一輩子。就像名作中的經典佳句一樣，無論在哪個時代都會被人們喜愛，並且被重新詮釋，獲得嶄新的生命。**這就是我相信，如果想要快速前進，形象固然重要，然而若想要長長久久，就必須在文字下功夫的理由。**

舉例來說，一直都很受歡迎的明星或網紅們都很清楚這一點，所以我們可以從他們使用的詞語組合，或是詞語選擇中感受到閃現的創意和魅力。我們也可以因此得到關於好感的線索。**看到吸引很多人而廣受喜愛的人，即便是缺點，我們也時常用有趣的方式重新將其定位，並用吸引人的關鍵詞塑造出正面形象。**尤其，擅長「搶占關鍵詞」的人可以迅速確保自己的地位。透過重新組合或搶占社會大眾可能會喜歡的單詞，觸動無意識中的好感細胞，能夠讓人們解除對陌生面孔的警戒心並敞開心扉。

以前為了應徵一個需要相關工作經驗的職缺而撰寫自我介紹時，我深刻體會到以新鮮的方式展現魅力有多重要。雖然應徵了幾家想去的公司，卻都在第一輪的書面資料審查就被淘汰。經過多方打聽，我看到面試合格的前輩們所寫的自我介紹。比較後發現，我的自我介紹從第一句開始就很枯燥。而且，我因為擔任廣播電臺的製作人累積了不少經驗，比許多人更擁有活潑的創意和寫作實力，可是我卻疏忽了這一點。擅長以充滿魅力的方式介紹他人的人，在最重要的瞬間卻不知道該如何展現自己。從第一個句子開始就讓人感到平凡且無聊，接下來的內容當然不可能吸引人。

「要吃碗泡麵再走嗎？」

意識到自己的缺失後，我將開頭的部分修改成這樣。條列出我的經歷後發現，和電影《春逝》的主角們差不多。像李英愛一樣擔任廣播節目製作人；更早之前，在學習電影的時候，像劉智泰一樣錄製音效。於是我決定連結自我介紹和電影中的經典台詞。將綜藝節目中使用的流行語寫在第一句後，我借用了「李英愛」這個有魅力的大明星之名，為自己打造了形象。不是演員試鏡，而是在應徵製作人的自我介紹中很罕見的名字和句子，所以我決定利用一下這些鼎鼎大名的演員們。用修改後的自我介紹重新應徵後，書面審查開始一個接著一個合格。面試官對於我從學習電影的學徒，到成為廣播製作人的經歷產生了興趣。最後，我終於可以跳槽到其中一間自己非常想去的公司。

後來，我離開了廣播電臺，開始經營自己的 YouTube 頻道。在需要宣傳自己的時候，我也費盡心思搶占關鍵詞。我先從收集人們可能會對我這個人感到好奇的事，以及他們會有反應的關鍵詞，整理出頻道的大方向。我發現訂閱者們會特別注意我的聲音、語氣、說話方式，以及「魅力」這個關鍵詞。因此，雖然初期的方向定位在分享生活經驗的頻道，不過在我把主題改成說話的技巧、人際關係中的魅力後，一路成長為今天超過六十萬名訂閱者的頻道。由於集中於一、兩個核心要素，讓我的頻道不知不覺得到溝通領域第一名 YouTube 頻道的頭銜。

有人曾經說過這樣的一句話：「要想在已經屬於紅海的 YouTube 市場受到青睞，就必須外貌出眾或漂亮、說話幽默風趣，再不然就是擁有擅長料理或做手工藝的手藝。」然而，這些特點我一項都沒有。因此，我選擇努力將自己知道的、擁有的東西最大化。我不像李英愛擁有獨一無二的外貌，也不似劉在錫，是個懂得如何同時抓住幽默和感動的優秀喜劇演員，更不像偶像們那般，一開始就擁有吸引眾多狂熱粉絲的力量。不過，我之所以能夠經營自己的頻道，每週和訂閱者溝通並製作出**現在可看到的內容，不是對自己沒有的東西感到可惜，而是強調自己所擁有的東西，並將其「魅力化」**。每個人都會有不擅長的部分，但是強調自己擅長之處，就會得到更多人的肯定。在這個世界上，應該還有與我的頻道相似的內容。但是，可以用我的聲音、語氣、表情真誠訴說故事的只有我一個人。這成為我即使經歷低潮，還是可以繼續上傳影片的力量。

在我開始從事解決溝通及人際關係相關的煩惱，並進行教育的工作後，更加熱衷於收集關鍵詞。因為一邊對話一邊運用，效果將會加倍。將自己品牌化並提高好感的最短捷徑就是「說話」。說出正向的話，可以營造出正面的形象；如果重新解釋消極的情況，並使用積極的詞語表現，就會散發從容的感覺，讓自己看起來更有魅力。在無情的現代社會，總是能夠溫柔應對，讓情況變得圓滑的力量，在於那個人選擇的語言。因為平常都是這麼思考的，在對話的時候，自然也會出現正面、積極的想法。

吸引他人的魅力是展現自我的好方法。端看你的詮釋方法不論是多變行動或消極表現，任何話語都可能蛻變成個人魅力。不僅如此，自身的潛能也可以發展成魅力。不管是在撰寫求職自我介紹的時候，還是在人際關係上，都能變成吸引好感的魅力。

「這就是我的魅力。」

影片下面偶爾出現惡意留言時，我會自言自語說：「這就是我的魅力。」我真的會這麼做。即便對別人來說是被指責的原因，不過**當我賦予「魅力」這個關鍵詞時，我自己也會這樣相信。**魅力是會依據解釋方法的不同而改變的主觀領域。讓我們試著用「你不是啊？不過我是那樣」的心態去愛原本的自己吧！光看我們消費的東西也是如此。雖然有受到多數人青睞的設計，卻沒有可以被所有人喜愛的絕對設計。對某些人來說，我這個人是正面的，但是對某些人來說，卻可能是負面的。所以，看重自己！就算不那麼想又如何？這是對我產生好感的開始，只要對一個人有效就夠了。

發現自己心中魅力材料的方法

生活中經常聽到別人說我看起來很成熟。由於在家裡排行老大，再加上個子高，學生時代的我經常坐在後排。升上高中後，如果穿上便服，總是會有人問我是不是要去公司上班。甚至比我年長的人，誤以為我是姐姐，而不是妹妹。然而，如果太常聽到別人形容自己「看起來很成熟」，也會被人當成「長輩」。我曾經渴望擁有可愛的形象，而且非常羨慕那些可愛的人。因此，在初入社會時，我因為身為辦公室裡的老么而試圖獲得展示可愛魅力的機會，結果卻以失敗收場。因為在我入職後還不到六個月，我的後輩也入職了。

本來想要擺脫長輩的形象，然而到了這個地步，我不禁懷疑，可愛的形象是不是在拚命避開我。人生第一次得到的老么地位不到半年被奪走後，我接受自己缺乏可愛細胞的事實。那麼，缺乏可愛細胞的我有什麼優點呢？首先，我按照順序想起與可愛相反的形象。

少年老成的人→老成的人→穩重的人→成熟的人→優雅的人

我選出了一些看似符合的單詞。我雖然不可愛，卻有讓朋友和前輩們依靠的成熟面貌。成熟風格的衣服也比較適合我，而且經常認真看待一件事，所以成熟是我的特點。與其否定本來的面貌，我試著專注在已經擁有的東西。把弱點、缺點、無法擁有的樣子換成正面的單詞後，便成為我能夠擁有的魅力。

仔細想想，我在擔任廣播節目製作人的時候，發現了演出者的魅力，並盡可能將其融入節目中。就像我為他們做的一樣，**我覺得自己的人生也需要被製作。**我想起了深受全韓國人民喜愛的《無限挑戰》節目。如果我是金泰浩製作人、如果我是劉在錫，會怎麼塑造自己的角色呢？

《無限挑戰》是從演出者的缺點中發現魅力，並將其形象化的代表性節目。發掘過去演出陣容身上沒能發光發熱的角色，並以此創造經典綽號的能力，是讓劉在錫至今仍被譽為「不可替代的國民主持人」的原因之一。他從習慣使用以大聲呵斥攻擊對方的風格說話的朴明洙身上找出其弱點，刻畫出微不足道的形象，並用該弱點，使角色立體化。飾演「渺小哥」的朴明洙無論再怎麼具有攻擊性，都會讓人覺得微不足道，被觀眾當成小型犬在吼叫。在這之後，朴明洙還出現了多種角色，甚至被人稱為「外號王」。越是搶占有趣的外號，魅力就越濃厚，人氣也會隨之水漲船高。

想要擁有吸引人的魅力，就把自己當成一位製作人來思考吧！如果我是金泰浩、如果我是羅英錫，會用什麼角色稱呼並凸顯自己呢？因為可以更客觀地看待自己，光是苦惱就會出現提示。在此過程中，缺點反而是魅力的材料。優點會誕生魅力，也會成為角色的特性，不過從缺點出發的話，有助於輕鬆抽出魅力。我們的大腦結構本身就是這樣。根據大腦科學，我們的大腦擁有長期、強烈記憶負面事件的負面偏誤。為了在敵人的攻擊中生存下來，負面偏誤會越來越強烈。就算不容易想出優點，只能想到缺點也是自然現象，所以不需要自責。**與其討厭缺點，不如承認自己原本的樣貌，將其中可以培養的部分當成魅力的材料。**

之後，我開始經營 YouTube 頻道。在設定角色的過程中，當時塑造的形象也發揮了助力。我經常聽到，別人說我雖然特色不強烈，說話速度不快，卻很平靜，聽起來很舒服。雖然不搞笑，但是可以產生溫暖的共鳴。在當時，用如同在電視節目上被精煉過的語調說話的 YouTuber 並不多。因為像綜藝節目一樣，使用日常的語氣或集中於趣味的影片是主流趨勢，所以我強調自己特徵的舒適節目，就能給人帶來好感。

「聲音沙啞」、「說話太慢而讓人感到鬱悶」、「好無趣」等，現在的我也會收到負面的回饋留言，但是我不會受到傷害。因為那是我也知道的自己。會讓我受傷的話語，反而是我還不知道的缺點，或是偽裝成批評的指責。因此，就算是為了不讓自己受傷，面對我的弱點或缺點，同時接受的過程也很重要。即便聽見否定的言語，如果已經接受並昇華，便不會成為致命的打擊。

> 健康的人承認每個人都有自己的弱點，自己的弱點和脆弱也被視為是自然的。
>
> ——高爾頓．奧爾波特（Gordon Allport）

心靈健康的人會隨著時間的推移而發光。為此，我想要往正面的方向塑造自己的形象。如果換個想法，將原本屬於缺點的樣貌視為優點或加以發展，人們會將其當成我的個性或魅力。所以，身為自己人生的製作人，幫自己取個名字吧！

因為新冠肺炎只能待在家中的時期，我曾沉迷於一種名為「古典」（Old Fashioned）的雞尾酒。食譜比想像的還要簡單。除了裝飾用的櫻桃和柳橙之外，波本威士忌、方糖，以及幾滴名為「安格仕苦精」的香料是主要材料。若只在波本威士忌中加入方糖，嚐起來平凡無奇，但再加上一滴安格仕苦精，就會出現辛辣的風味。當單獨品嚐時相當苦澀的糖漿和威士忌混合在一起，便會產生誘人的滋味。這和我們的魅力相似。就像安格仕苦精一樣，即使有痛苦、苦澀的一面，如果活用這一特性，也可以成為完成魅力的優秀材料。

Hirenze Choinel

加倍培養自己魅力的方法。

♥好感筆記♥

找出自己魅力材料的待辦清單 To do list

☑用關鍵詞寫下我在自己心目中的形象。

☑寫下別人大部分都認為我擁有的形象或特徵。

☑回想自己想要的形象或特徵。

☑如果自己喜歡的形象和本身的特色有很大的差距，試著朝強化自己原有特色的方向改變。

☑列出至今聽到的缺點，然後換成正面的單詞。

（例如：慢↓從容、敏感↓細心）

☑想像自己如果是製作人，會用什麼樣的角色來表現自己。

☑綜合至今為止羅列出的關鍵詞，依照自己喜歡的順序整理。

好感的基本條件

追星使人謙虛。這也是我對那些只深挖一口井——就是所謂「追星功力」高的人，有高度評價的原因。無論在什麼領域，只要堅持挖掘就會發現，原本以為自己什麼都知道，其實卻什麼都不知道。越深入了解，就越明白自己的不足。因此，懂得自己至今擁有的知識是多麼狹隘和淺薄，變得越來越重要。累積經驗並領悟自己的極限時，謙虛的心就會變大。

小時候，我的夢想是成為製作電影的電影人。在抱著期待的心情入學的大學校園裡，我學到了謙虛。事情發生在大學一年級時修的「影像和音效」課堂上。這是一門以一個主題各自製作十分鐘的電影後，在教室裡和教授、同學們一起觀看，再以類似電影映後座談（Guest Visit）的方式進行集體評鑑的課程。然而，我的第一部電影結果卻很悽慘。由於藝術學校的特性，很多同學入學前就已經在製片廠親自製作過電腦合成影像、製作過商業電視劇，其中還有導演，甚至演員。在多才多藝的電影迷之間，我覺得自己變得無比渺小。接著又經歷幾次失敗後，我看到自己缺乏什麼能力，需要再學習什麼。從那個時候開始，我就不敢再隨便評價他人製作的電影了。

第二次是在我就業後，偶然有機會參與演出某部電視劇。我不是一開始就決定要演戲。原本決定拍攝以旁白為主的VLOG影片，因為除了廣播節目導演外，我還曾經擔任DJ主持過節目，所以我認為這會是一次很好的經驗。然而不知從何時開始，該劇突然發展成電視劇的形式，導致我很晚才開始嘗試就算在電影系學生時期也不喜歡的演戲。透過主持廣播節目，我領悟到聲音演技是我可以想辦法達成要求的領域，然而表情演技則不屬於我的管轄範圍。看到過於自由奔放地活動或太過僵硬的臉部肌肉，以及無法消化台詞的自己，當下的我真的很想讓時間倒流。那天晚上，躺在床上的我打開記事本，寫下了這樣的句子。

「經驗是學習謙遜的事。」

那次戲劇演出的經驗拓寬了我的謙虛領域。在攝影機和麥克風後面擔任導演的工作十多年，這時我才理解過去無法產生共鳴的演員立場。我重新思考過去認為身為職人，理應好好表現演技的想法。直到出現打動人心的演技之前，演員們需要付出很多努力和用心。踏足從未做過的事情，或是他人工作的經驗，可以培養對這項工作從業者的尊重之心。此後，我在人生中踏出的每一步，都會變得謙遜、謙遜再謙遜。

越是自己沒有經歷過的領域，越是不太清楚他人為了得到成果，做了什麼的努力，所以很容易說三道四。在廣播電臺製作節目時，偶爾會遇到看輕製作工作的管理階層。因為沒有仔細了解製作人從事什麼樣的工作，也不知道一檔節目是如何製作出來的，所以沒有意識到自己會貶低對方的努力。當這些人成為擁有最終決定權的人，可以隨意揮舞改編的刀刃時，工作人員們自然會感到無力，導致節目無法正常運作。

儘管如此，如果遇到心胸寬廣的人，就可以獲得能量。我在廣播電臺曾與一百多位明星一起工作，現在則利用 YouTube 頻道採訪知識分子、企業家、學者，並藉此機會無止境地學習。如果遇到即使已經成為全韓國國民都認識的名人，擁有了財富和名譽，卻還是不懶散，以新人的姿態繼續發展，並且在自己的領域裡，就算是數一數二的知識分子，也表現出謙讓態度的人生前輩們，我會欣然讓自己變得渺小。不斷前進的人經歷了很多，也了解很多事，卻不會因為自己知道的比較多，而感到驕傲自滿。由於擁有了解越多，就越能夠理解對方立場的換位思考美德，所以自然而然會讓人產生好感。

還有一個像追星一樣，會讓人變得謙虛的領域——讀書。透過讀書，可以了解與自己處在不同處境的人們過著怎樣的生活，並且讀懂他們的想法。超越時間和空間的限制，透過書籍間接體驗各種人生後，就會讓人再次謙虛。讓我領悟到自己的世界有多麼狹小、已知的知識有多麼枝微末節。所以，我們不要停止，不管是什麼，只要是自己喜歡的事都要去看、去聽、去經歷。**因為對未知世界不斷增長見識的人，就可以理解自己並包容他人。**

讓自己肉麻的勇氣

在忙碌的時期，如果埋首於工作，有時會因為過於枯燥乏味而覺得彼此就像沒有感情的ＡＩ。幾乎不閒聊，就像阻隔一切會對工作產生阻礙的機器人般，氣氛非常冷淡。在那種情況下，如果有人說了好話或表現出和藹可親的態度，會讓人感到煥然一新。溫暖的稱讚可以緩解僵硬的氣氛，並改善關係。雖然一樣辛苦，卻能夠感受到鼓勵的心意，對那個人的好感也會增加。不過，問題就從抱怨肉麻或油膩的瞬間開始。在這種狀況下，和周遭說話的那個人也會變得尷尬。這種時候，我會故意說自己喜歡油膩的人和油膩的表現。這樣一來，對話的氣氛就會瞬間改變。如果再進一步厚著臉皮要求對方再做一次，不知不覺其他人也會加入，為了讓我感到鼓勵而說出油膩的話，並使尷尬的氣氛變得活絡。

隨著「肉麻」一詞的普及，語言和行動似乎受到限制。最具代表性的就是認為熱情的聲援或溫暖的話語、感性的表現讓人覺得肉麻。隨著阻止對彼此熱情的框架出現，使得人們原本就算想說點什麼，也開始猶豫不決。日常生活似乎變得越來越索然無味，不知從什麼時候開始，我開始喜歡油膩的感覺，並進行些微的反抗。只要是擁有溫度的正向故事，即使是令人尷尬的表達方式，我也會接受。我希望不要因為擔心會收到肉麻的回應，而看對方的臉色進行對話。就算會有點尷尬，在人際關係中，溫暖的話語也會是一股很大的力量和動力。

然而，在人際關係中，雖然可以接受令人臉紅心跳的對話，奇怪的是，我卻不允許自己有一絲一毫的油膩感，非常很嚴格。覺得自己努力完成的事是理所當然的，只放大了沒能完成的不足。

在殘酷對待自己之前，我認為也應該要給自己肉麻的勇氣。我們會從真正珍惜、愛護自己的人，以及自尊心高的人身上感受到好感和魅力。再加上，已經有很多心理學家證明，如果對自己說一些自己覺得不好意思的話，或是讓自己害羞的行動，可以激發正面的情感，有助於成長。對自己挑剔或完美主義的傾向越強，越需要嘗試以下方法。這是在努力得到他人的好感前，先對自己產生好感的科學方法。

1 以自己名字呼喚我

「崔漢善很有能力，一定可以做得很好。」

如果是成年人，過了嬰幼兒時期之後，在稱呼自己時，就沒有再用過第三人稱。然而，研究結果顯示，在與自己的對話中，只要稍微改變一下視角，就能喚起正面的心情。心理學家伊森・克洛斯（Ethan Kross）向人們展示具衝擊性的照片後，測量了用「我」和「第三人稱」來稱呼自己時的腦波。結果發現，比起用第一人稱稱呼自己的時候，以第三人稱稱呼時，與情緒相關的大腦活動大幅減少。也就是說，比起「我覺得很衝擊」，說出「〇〇覺得很衝擊」的時候，可以更加理智、客觀地思考。反之，如果使用第一人稱作為主語，投入的程度會提高，也會讓人更加感情用事。

居然要叫自己的名字，真讓人難為情。不過，若根據需求運用，將成為操控自己的聰明方法。一旦開始對自己苛刻，我便會不知道要踩煞車。就算並非事實，我還是會指責自己。此時，讓情況客觀化，並轉換成健康的思考方法，就是把自己他人化。越是困難的情況，就越容易變得感情用事。這種時候，只要輕鬆叫出自己的名字，就可以理性看待一切。

「我正在竭盡全力。」

「（　）正在竭盡全力。」

「我一直都在成長，以後還會繼續進步。」

「（　）一直都在成長，以後還會繼續進步。」

2 擁抱自己

在肉體上或精神上承受過多的疲勞後，經常會睡不著。在一整天處於清醒狀態的身體還沒來得及放鬆的狀態下，因為對明天的擔憂或不安等，讓我們又漸漸清醒。在這種時候，有個緩解緊張，安定心情的有效方法。那就是擁抱自己。因為雙臂交叉擁抱的樣子看起來像蝴蝶，所以又被稱為「蝴蝶擁抱」。「蝴蝶擁抱」是由創傷後壓力症候群（Post-Traumatic Stress Disorder, PTSD）治療師盧西娜・阿蒂加斯（Lucina Artigas）所提出。一九九八年，墨西哥阿卡波羅地區刮起颶風，遭受巨大的損失。當時，大多數倖存者都產生了PTSD症狀，而當時可以幫助他們的有效方法，就是這個蝴蝶擁抱。在這之後，蝴蝶擁抱不僅可以治療PTSD，據說在日常生活中，還可以緩解不安的情緒。擁抱自己並慢慢深呼吸，就可以感覺到心情好多了。

結束忙碌的一週後拍拍自己，會感覺到一種奇妙的感覺。同時，再呼喚自己的名字並對自己說話，就會露出尷尬的笑容。但是，很奇怪。雖然是讓人尷尬、肉麻的行為，內心卻很平靜。油膩一點又怎麼樣？**感覺枯燥乏味時，需要對自己寬容的油脂。所以，鼓起勇氣對自己肉麻吧！**

Hirenze Choinel

如果想要提高自尊心，必須馬上改變的三種語氣。

♥好感筆記♥

在對自己反感的瞬間，重新愛自己的方法

- 故意給自己一點肉麻的稱讚吧！
- 稱讚時，比起用第一人稱稱呼自己，用第三人稱將自己他人化，會更有效果。

（例如，我很誠實。↓〇〇是誠實的。）

- 對自己說出以後也會做得很好的鼓勵。
- 保有安靜獨處的時間，並調整心態。
- 不安的感覺越重，越需要慢慢深呼吸。
- 交叉雙臂，試著做出擁抱自己的行動。

如果心中沒有餘裕，自尊心下降，很有可能對自己產生反感。在這種時候，用力鞭策自己是沒有幫助的。讓我們為自己加油，平息不安吧！

敏感是好感的道具

平常有很多讓我操心的事。我不知不覺沉浸在如果不故意阻止，就會一直在意某人、某個問題，或某種情況。看到這樣的我，經常有人指責我太敏感了。不管說什麼，我都會被當成敏感的人。因此，一旦發生了什麼事，我總是覺得一切似乎都是我的錯，陷入無止境的自我審查泥淖中。這時，偶然在書店裡翻開的一本書中的字句喚醒了我。

「敏感是神給我們最好的感覺。」

那本書是由研究敏感性的權威人士——丹麥心理學家伊麗絲・桑德（Ilse Sand）撰寫的《高敏感是種天賦》（*Highly Sensitive People in an Insensitive World*）。書中提到，被社會視為敏感的敏感，不是需要矯正的問題，而是一種才華。因為敏感的人比遲鈍的人有更多的感受和想像，所以具有更高的創造力。如果將敏感當成才華發揮，就能讓自己更加成長。雖然當時是我第一次知道敏感可以成為優點，但是當壓力越大或討厭的東西越多，在得到幸福的瞬間，幸福的感覺也可以比任何人更加強烈。這句話說明了我從小就愛笑，並且毫無顧忌表達情感的樣子。

這麼說來，敏感也可以演變成好感吧？我決定把自己的敏感個性昇華成才華和魅力。我決定接受自己在意很多事情的氣質，並且挖掘出比討厭的東西還要更多的好東西。

我將這份決心先應用在工作上。如果在人際關係上遇到令我在意的人，或讓我不愉快的言辭時，我會試圖找出原因和改善之處。尋找與我相衝突的人身上擁有的特性，並從心理學的角度出發，了解該如何將其定義。接著，收集我領悟到的結果並製作成影片，告訴為了類似問題而苦惱的人們該如何應對。隨著這些內容的累積，點閱率和訂閱者的反應也隨之而來。正如伊麗絲·桑德所言，我把敏感當成才華靈活運用，並取得成果。

隨著內心不再因困難的事而感到焦躁，我的人生也往光明的方向前進。為了比現在更進步，我已經習慣選擇名為學習和成長的變化。現在，每當我在人際關係中，遇到難以相處的人時，就會冒出這樣的想法。多虧了「原來是給我靈感，值得感謝的人啊！」的想法，我才能將他們當成讓我對人進行思考、觀察，並且促使我成長，甚至創造出內容的繆斯。

另外，我也在日常生活中，試著將敏感發展成魅力。因為不把自己在意的行為施加在他人身上，本身就是一種體貼。就像「知道多少就看到多少」這句話一樣，我們「感受到多少就體貼多少」。**細緻的體貼換句話來說就是「溫柔」。因此，溫柔的人之中，有很多性格敏感的人。**自己覺得不喜歡的東西，也不願意施加在他人身上的態度，以及溫暖說出每一句話的能力，都是源於細心。被某人的一句話傷害過的人就會知道，別人也會因為自己的一句話受到同樣的傷害。所以，我們可能會詢問對方是否沒事、是否需要時間、是否需要幫助，也有可能說出一些會讓對方覺得被體貼的溫柔話語。在工作的時候也是如此。身為員工們不想在週末聯絡的對象，上司們如果不得不在週末聯絡，可以向後輩們說一些體貼的話語。

當然，也有將敏感發揮錯誤的情況，甚至還出現了「專業抬槓者」的說法，就是在形容那些過分找碴或強詞奪理，讓人不禁皺起眉頭的人。因為那些不考慮他人立場，只想到自己的人，以及無法客觀化自己的想法，總是習慣性誤會的人，讓敏感不再被當成一種才華，而是問題的根源。他們只是過著以自我為中心的生活，沒有理解他人的能力。雖然可以說是敏感，卻一點也不細緻。這裡指的是從細緻的觀點看待情況的力量，以及在做出有問題的發言之前，記得回頭審視自己的那種細心。

「那個人說話前，想得還真周到。」

我曾經看過這樣的留言。雖然語氣尖銳，不過我看了那則留言，感到非常高興。因為我可以感覺得到，為了不讓他人受到傷害，那位留言者不但煞費苦心挑選用詞，並努力在話語中注入溫暖。

我認為會說話的人，比起快速使用秀麗的語句，反而是在正確的時機，以恰當的方式表達的人。因為性格較敏感，所以會留意每句說出口的話；由於受過很多傷害，容易對受傷的人在心靈上產生共鳴，至少可以減少在無意中說出傷害或攻擊他人的話。敏感的我雖然偶爾會覺得疲累，但是可以用細膩的態度接近某人，真是太好了。

當疲勞達到臨界點時，我經常把浸泡半身浴當成調整心態的方法。將具有鎮定效果的薰衣草當成入浴劑放入浴缸裡，在知道薰衣草有鎮定神經方面症狀的效能，對敏感的人相當有效後，我更常使用。事實上薰衣草也有敏感的一面。因為薰衣草對濕度相當敏感，而且種植環境必須通風良好。與只需要間歇性澆水也能存活的仙人掌，或是對溫度、濕度較不敏感的植物相比，薰衣草是一種很難栽種的香草。這樣生長的薰衣草幫助了跟自己一樣敏感的人，所以成為好感度高的香草。如果因為敏感的個性而苦惱，就想一想薰衣草吧！就像敏感卻依舊可以安然無恙地開花，用香氣撫慰人們的薰衣草一樣，我自己也充分擁有吸引人的魅力。

Hirenze Choinel

敏感的你也不知道的特別能力。

醒悟之人的魅力

這是一個「沒有趣味」也能成為魅力的時代。當人們在無趣且平凡或無聊的內容上，感覺到明確的特徵時，就會以「勁無趣」形容。本來還懷疑用沒有趣味（無趣）當成主題的影片，點閱率是否能達到數百萬次。結果展現他人平凡日常生活的VLOG也受到熱烈歡迎。當YouTube開始迅速崛起時，我看到全世界擁有各種個性的人如雨後春筍般發表的內容和留言反應，下意識說出了這樣的話。

「這樣也可以？不是，這個有這麼多人看？」

打破現有廣播和內容公式的影片不只是新鮮感，而是令人覺得震驚。工作過程中產生的「內容必須有趣」教條逐漸被打破。在本是形容缺乏趣味的「無趣」一詞前，加上帶有正面語感的「勁」。雖然是在形容無趣，卻又產生了有趣的形象。根據呈現的方式，無趣不再是必須隱藏的缺點，反而成為可以展現的好感要素。

隨著時代的發展，有一些單詞會被重新審視、創造。這是因為人們的意識和文化出現了改變。「狠毒」一詞也是如此。「有煞氣」這個單詞與自我開發或賦予動機產生相得益彰的效果，成為一種美德被重新審視。看到一個人充滿熱情和霸氣的樣子，有人會加以貶低，認為「太顯眼」、「太囂張」，卻也有人覺得「充滿煞氣」、「太帥了」。雖然有些人會說，不要「努力去做」，而是應該「好好做」，但是也有很多人會為努力的樣子加油打氣。因此，與什麼樣的世界保持密切的關係也很重要。根據自己屬於的地方不同，有可能會受到歡迎，也有可能會被冷落。

如果**長久以來都認為自己是有哪裡不足的人，改變現有的環境也會有幫助。**因為，我所在的世界裡具備的框架，或是正在使用的工具很有可能不適合我。過去我曾把自己關在製作人的框架裡，切斷了發展的可能性。從二十歲出頭開始擔任電影導演，到後來製作音效、廣播節目等，我在攝影機和麥克風後面工作了十餘年，所以這是理所當然的。我自認為企劃和製作內容才是我的工作，而那些需要站在人們面前之類的事，不是我該做的工作。儘管偶爾會出現其他機會，也會覺得那不是屬於我的。

我設定的界限在我為自己賺取五斗米的過程中，偶然被打破了。這是從我突然開始擔任導演角色時開始。隨著新媒體的迅速崛起，電視、報紙等傳統媒體的廣告單價日漸下降，最先受到劇烈打擊的就是我所在的廣播領域。為了減少製作費，高層向我下達製作節目必須像一人創作者般自己寫劇本、主持。因為一個人做了原本需要多人合力完成的工作，所以我過了好幾年週末加班的生活。雖然身體覺得疲累，不過也多虧如此，被我自己設下界限，甚至斷言不可能的那扇門也被打開了。我漸漸覺得說話這件事很有意思，也很適合我。於是，跨越製作人的領域，我開始對主持人的工作躍躍欲試。

除了環境這個框架之外，我還改變了使用的「工具」。這都是多虧了我職業生涯中的第二次危機。我曾經有過負責了兩年多的節目突然被停播的經驗。製作人的宿命之一就是自己從無到有製作，並費盡心思使其成長茁壯，如同親生子女般的節目可能在一夕之間變成別人的子女，甚至整個消失。公司投資製作費，而製作人則利用這筆經費來製作內容，所以這樣的變化是無法避免的。在公司裡，雖然還可以負責其他節目，穩定地賺錢餬口，但是一想到以後還是會因為他人的意志，必須隨時把用心製作的內容轉交給別人，讓我感覺到這份工作的限制。我想守護自己的孩子到底。最終，我領悟到，即使不是在大型電視臺或企業的庇蔭下製作內容，而是在一間默默無聞的製作公司，我也想成為能夠為我費盡千辛萬苦生下的孩子肩負起一切責任的人。這個想法成為我從現有的電視臺或大型媒體公司，轉移到新媒體這個新工具的信號彈。

就這樣，我將工具改為「YouTube」這個的自媒體，打破了只在鏡頭後製作內容的自我框架。親自企劃、撰寫腳本、剪輯、製作影片，我打開了各種機會。隨著對於我想透過內容傳達的資訊產生共鳴並感興趣的人越來越多，我成為了一個使用新工具傳達想法和知識的人。雖然不是一直以來憧憬的三大無線電視臺附設廣播電臺的節目製作人，不過我很滿足於透過新媒體，以其他方法傳達廣播的溫暖和智慧。

「原來看了這麼多這樣的影片。」

某天，當我介紹自己是個 YouTuber，並告知頻道名稱時，曾經聽到這樣的一句話。雖然當時有點不知所措，不過現在回想起來，這似乎是一種稱讚。過去的我看到自己陌生的內容時，也做出了跟他一樣的反應，而且當天的對話或許也打破了固定觀念。當然，比起新媒體，有些人可能認為現有的媒體有更高的價值，甚至可以說是覺得自己的過去比現在更好。重要的是，整理出一種不管誰說了什麼，都不會混淆的選擇理由和生活價值。**只要銘記在做出適合自己的選擇前，產生過的煩惱和根據，就能抓住生活的重心。**即使有人覺得這是無趣人生，只有我能夠稱之為「勁無趣」人生的固有魅力。

♥好感筆記♥

為了超越自我界限的五個問題

Q. 我感覺自己的極限是什麼？

Q. 我是不是被困在某種框架裡了？

Q. 我喜歡用什麼樣的工具？

Q. 有哪些工具可以打破現在的限制？

Q. 為了解決這個問題，我現在可以做些什麼？

覺得模稜兩可的能力很殘忍的時候

長久以來，我一直單戀著音樂。有人會覺得這彷彿是什麼青春期少女才會說的話，但是從十幾歲開始的這份愛，如今已經超過二十年，所以似乎沒有比「單戀」更合適的詞語了。學生時代開始沉迷於廣播節目，從以前的歌曲開始，我不分音樂類型，什麼都聽。如果發現自己感興趣的樂器，就會練習，甚至從基礎開始學習。好像有人說過：熱愛藝術的最佳方法，就是創造藝術。後來，我甚至開始作曲，並在大學二年級時，將我製作的原聲帶加入同學們製作的電影中。然而，此時我的家庭狀況，讓我無法再繼續學習音樂。由於不能做自己喜歡的事，感覺就像站在人生的十字路口般徬徨。我開始思考自己是否那麼有才華，想要確定就算勉強，也能夠鼓起勇氣決定繼續學習。雖然加入同學們製作的短篇電影裡的音樂得到不錯的評價，但是我依舊不確定自己是否具備足以下定決心放手一搏冒險的才華。跟我差不多程度的人應該很多吧？結果，我還是因為現實的原因，放棄繼續學習音樂。

於是，我成為了廣播節目製作人。雖然放棄了音樂這條路，但是我卻無法停止單戀，而在親近音樂的同時，又可以發揮專業的工作，就是廣播節目製作人。把我喜歡的二十世紀八〇到九〇年代的音樂介紹給聽眾，並觀察他們的反應，這對我來說就是「靠興趣賺錢」。然而，這樣的幸福也沒有持續多久，因為廣播節目的預算不夠。結果，又是因為經費。身兼導演和主持、作家三種角色的同時，我再次陷入苦惱之中。想要把製作人當成一輩子的志業又不會感覺到危機，需要可以被協會頒發大獎的絕佳企畫，或是像配音演員一樣，擁有突出的聲音。以當時我的來說，果然也不到那種程度。

我身邊總是有才華出眾的天才莫札特（Wolfgang Amadeus Mozart）。在他身邊擁有模棱兩可才華的我，就如同一輩子嫉妒莫札特，感嘆自己不足的安東尼奧．薩列里（Antonio Salieri）一樣。就像不知道在哪裡看過的〈模棱兩可的才華很殘忍〉一文中形容的一樣，如果打從一開始就做不到，就會決定早早放棄，可是現在卻感覺只要再努力一點便會做得很好，所以反而像是在「希望拷問」。正當我思考著可以持續的夢想時，突然冒出這樣的想法。薩列里應該也有莫札特沒有的才華吧？後來，我便想到了。薩列里的才華就是讓人感到鬱悶的才華。連莫札特也無法戰勝他。我推測薩列里總是對自己模棱兩可的能力感到鬱悶，並且因為渴望好好表現而苦惱。**經常苦惱的話，會更快認知到自己需要的東西。因此，像薩列里這樣的人擁有發現並感嘆天才的能力。**

這難道不也是一種能力嗎？即使無法像莫札特一樣被世人稱頌，成為最優秀的藝術家，也可以挖掘出有才華的人並加以培養，讓他們可以做得更好。我決定把這點當成我的武器。我有信心和那些像我一樣，因為模棱兩可的才華而覺得吃力的人們產生共鳴，並與他們分享解決方案。這是因為我可以比任何人還要更強烈地感覺到自己的不足之處，並且為了做好一件事，時常埋首於其中。仔細一想，這其實是與我正在從事的導演工作相連結的能力。雖然還不足以成為一名明星製作人到處被挖角，或是成為獨一無二的主持人，卻也不是完全沒有任何才華而必須放棄這條路。發掘有魅力的人，並且凸顯他們的魅力，不就是廣播的作用嗎？於是，我就繼續在這條路上前進。從製作廣播節目開始，到離開廣播電臺，轉換跑道至個人媒體後，我也持續在製作內容。與其因為自己沒有的東西而嘆息，不如集中注意力在自己擁有的力量，我才知道自己有其他擅長的事。雖然不是最想做的，卻是以模稜兩可的才華而開始的明確才能。

大部分人都生活在擁有模稜兩可才華的狀態下。過了學生時代在二十出頭成為社會人士的同時，藉由從某處接觸到的資訊和從基礎教育學到的東西逐漸累積能力值。為了更進一步成長，需要投入直接的努力。甚至有人說，要想在一個領域成為嶄露頭角的專家，需要投入一萬個小時。如果將這些時間投資在自己身上就會成長，否則就會一直處於模稜兩可的狀態。當然，即使花費了一萬個小時，也有可能無法成為最頂尖的專家。即便如此也沒關係，因為在這一萬個小時內累積的經驗值，是用什麼都無法換來的。萬一不幸失敗了，至少可以掌握減少錯誤的經驗。再加上，透過模稜兩可的才華親身經歷並感受到的領悟，可以得到更多人的共鳴。因此，模稜兩可是一種即使不能散發華麗光芒，也能廣泛照耀的才華。

「正在認真說話的時候，對方會露出無聊的表情嗎？」

「是否有過只要站在很多人面前，腦袋就會一片空白的經歷？」

我的影片從拋出任何人都可能經歷的煩惱開始。自從影片的前奏改成這種形式後，我的頻道從原本不到一千名的訂閱者，在一個月內就超過了十萬名。這也是行銷文案寫作時，經常使用的技法。人們會對於解決自己的煩惱，或是提出利益的話語敞開心扉。為了提出這兩點，應該對人們苦惱的部分產生深度共鳴和思考。幸運的是，像我這樣的薩列里也可以做到。如果你也是薩列里，希望你可以改變觀點，看看廣闊的世界。**如果覺得自己沒有魅力，或者感覺自己的才華模棱兩可，抑或是缺乏環境支持，要不要試試看發展另一種能力？**人生的道路永遠是開放通行的。

以魅力控制嫉妒心

我經常覺得不安，偶爾也會嫉妒。其實，是我一直想要相信自己是這樣的人。在工作的時候，我遇到許多年紀比我小，卻擁有才華和人品的人。當我還是學生時，也見過很多才華洋溢的人。這種時候，我不會心生嫉妒，反而會替他們加油。在他人身上找到讓自己羨慕之處，反而會想要學習並轉化成為自己的風格。我甚至還製作並上傳了「處理嫉妒心的聰明方法」的內容，對控制嫉妒心很有自信。然而，某天一股突如其來的陌生情緒，讓我陷入低潮。當時正是我要出版第一本書的時候。

「為什麼那麼暢銷呢？」看到在類似的領域，比我的著作更受讀者喜愛的書時，我就會覺得眼紅。如果那本書的作者和我年齡接近，或身處的環境相似，我會燃起更加強烈的嫉妒心。當然，我的第一本書也很受歡迎。然而，我總是覺得很傷心，也不斷拿他們和自己比較。這是無法否認的嫉妒心。不安的情緒也隨之而來。我真的做得很好嗎？面對別人的時候，我總是可以自信滿滿地給予解決方案，告訴他們這樣做就可以了。然而說出這句話的我，居然感到這麼不安和嫉妒。我開始不確定自己是否可以繼續製作這樣的內容。

因為強烈襲來的陌生感，剛開始我選擇了迴避，從根本隔離容易產生嫉妒心的環境。有一段時間，我不去書店，也不再確認我的書在排行榜上的名次，或是有沒有進暢銷書排行榜。另外，我也努力不去看被各種媒體曝光的著作，以及對暢銷書作者的採訪或新聞。結果，「眼不見為淨」的效果立竿見影。然而問題是，不管我再怎麼努力迴避，由於我製作的內容本身具備的特性，讓我無法完全不考慮以書籍當素材。就像塞在房間的某個角落，遲遲沒有整理的行李一樣，我的心情非常沉重。

經過長時間的折磨後，我不得不正視自己一直逃避的感情。為什麼會出現這種消極的情緒呢？我試著誠實地面對自己的欲望和嫉妒之心，接著問自己：「其他時候不會這樣，為什麼現在嫉妒心變得這麼嚴重了呢？」仔細端詳後，我看到了自己的真心。

「原來我是想要好好表現，而且對寫作比自己想像的還更認真啊！」超越嫉妒心，甚至發展成不安的根源就是熱情，所以才會產生很強烈的欲望。在經驗累積得最久的製作人時期，我對別人製作的內容並沒有太大的嫉妒心。平時對別人的外貌、財力、學歷也是一樣。因此，我突然有了這樣的想法。我可以替別人加油的原因，也許是因為與他們相比，我對待其他領域的態度更認真吧？我最想做的事，不就是用著作傳達我想說的訊息嗎？

面對不安與嫉妒時，就能看見本意。這也代表可以藉此找到成功的路或真正的幸福。因為是真心，所以會找到出路。藉由不擇手段燃燒熱情，讓我們可以變得更好。因此，我要把嫉妒心當作成長的墊腳石，並且把討厭他人的力量傾注在自己身上，努力前進。

嫉妒心強且全身充滿自卑感的人一點也不帥氣。不過，**利用嫉妒心成長的人卻是帥氣的。看起來是個不逃避自己的欲望，並將負面的心態往正面方向發展的人，所以可以感受到直率的魅力。**因此，我希望我們能夠成為專注在自己身上並朝著目標奔跑，具有魅力的成長角色。

朴蓮浚詩人在《Top Class》月刊連載的文章中，將不安稱為「種子」。這顆種子裡蘊含著希望改變的渴望。如果不安的種子萌芽，就會感受到學習的必要性。我這才知道自己經常感到不安的原因。因為我有很多想要學習的東西，成長的欲望也很強烈。所以，我才會無比羨慕某人的成就，而我也知道要想取得成就，就必須成長和變化，為此覺得焦躁不安。

當嫉妒或不安來襲時，我們不需要自責，反而要覺得高興。因為，我們找到了自己真正想要的東西。雖然是負面的反感，卻是可以當成夢想路標的「好」感情。現在剩下的，就是不要讓嫉妒到了最後依舊只是嫉妒。順著自己的心指出的方向，再往前走一步吧！

Hirenze Choinel

在感覺到自卑時，聰明處理嫉妒心的三大要領。

不著急的人生美學

奇蹟的早晨、過有目標的人生等熱潮非常帥氣。而且，我很羨慕。因為我是無法那樣生活的人。從小就很難在一大早睜開眼睛。準確來說，早上起床之後，我很少覺得神清氣爽，總是因為沉重的身體而心情低落。在擔任製作人的時期，為了早上九點的節目，我維持了超過一年在凌晨五點起床，並且橫跨六十公里抵達公司的生活。不過，因為節目的改編，當時段一移動，就像過去一年多的早起生活不曾發生過一樣，我的生理時鐘立刻回到原來的樣子。

有目標的人生又如何呢？因為要做的事很多，我曾經以一分、一秒為單位，詳細計劃自己的生活。然而，由於週末的行程也排得很滿，導致我出現了職業倦怠。持續兩個多月的講座和影像製作，讓我的電力完全消耗殆盡。如果人生也有退出按鈕，我每天都會想要按下去。正當我懷疑自己是不是得了憂鬱症時，母親邀請我一起去休假。硬是抽出時間陪母親去旅行了兩天一夜後，我又找回了體力。那個時候我才知道，原來自己是個電池容量不大的人。不管再怎麼依靠運動增強體力，都比不上天生體力好的人。我的體力和腸胃天生就很弱，不久之前連心臟瓣膜也變弱。於是，有人告訴我，平常不要出太多力，也不要說太多話。

我是一條要用時速六十公里的速度行駛的道路，必須以最高時速六十公里行駛，才能平安無恙。然而，因為我誤以為人生是高速公路，用時速一百二十公里行駛，結果發生了事故。能源效率較低的人類有另外適合他們的生活方法。在遇到職業倦怠，要做的事情還是堆積如山的情況下，我想盡辦法找到自己的速度。即使速度不快，慢慢地、長久地堅持下去才是最重要的。平均速度是六十公里的人，無法像速度是一百二十公里的人那樣，在短期內取得成果。不過，跑著跑著還是可以抵達目的地。**比起走得又快又遠，更重要的是朝著正確的方向好好前進。**為此，我制定了各種讓自己不會感到疲憊的方法。

1 用奇蹟的下午代替奇蹟的早晨

如果在凌晨起不來，試著在醒著的時間中，找出效率最高的時間吧！因為奇蹟的早晨很難達成，所以我把自己最活躍的兩點到六點定為「奇蹟的下午」。雖然很難保有奇蹟早晨的核心——額外的時間，卻可以擁有最佳時間。在這段黃金時間裡，我做了當天最重要的工作。像是撰寫文章或思考內容素材，我做了需要創意和投入的工作。盡量不要太在意信箱或訊息的通知。這樣一來，這天的工作效率提高，過得更加充實。像這樣**找到自己的奇蹟時間，就可以建立適合自己的常規。**

據說，畫家畢加索習慣在上午十一點起床，開始新的一天。喝杯咖啡、吃過午飯後，從下午兩點正式開始工作，一直到凌晨兩點為止，共投入了十二個多小時在工作上。這與小說家村上春樹在凌晨四點起床展開新的一天，形成了鮮明的對比。不過，兩人都在各自的領域裡取得成就。這些人都是藝術家，所以可能會有人反駁說，時間被限制的普通上班族，很難隨心所欲計劃自己的一天。不過，在這裡我想說的是，我們在一天之中的能量有限，所以要自己找出效率最佳的時段並加以利用。例如，在可以發揮最高效率的時間，先處理重要的工作。至少在自己可以計劃的時間裡，確保最佳時間很重要。就像是一件帥氣的衣服，如果沒有適合自己的尺寸就無法穿一樣，我們需要找出適合自己的常規或方法。

2 比起緊湊，建立可以持續的計畫

據說伊隆・馬斯克（Elon Musk）習慣以五分鐘為單位規劃時間。我也曾經模仿過成功人士那些看起來很帥氣的方法，不過很快就累了。我沒有仔細管理在一天之中要做些什麼事，而是在一天中制定一個大略的計畫確定優先順序，接著再依序實踐。而且，被我當成目標的工作完成後，我得到了回報。例如，如果在下午六點之前，全神貫注完成當天要做的事，晚上就可以和喜歡的人一起吃美食，好好休息。也就是擁有和想見面的人見面、閱讀想讀的書、觀看事先存起來的內容之類的補償時間。然而，休息也是「必要的事」，必須讓它不會對我造成束縛。因為就算是喜歡的事，在產生義務感的瞬間也會產生強迫感，那就不是真正的休息。

我是那種不喜歡固定的框架，並且讓自己被困在其中的性格。雖然覺得不斷自我開發的人很帥氣，不過可惜的是，這段時間只是急著想要追趕。就算是這樣，也不能完全放棄自己，於是我制定了一個至少必須試著遵守的原則。一旦開始的事就不放棄，必須堅持做下去。在職場工作時是這樣，而現在自己製作內容時，也是以這樣的心情執行。即使訂閱者沒有戲劇性的增加，或是觀眾們沒有反應，我也會忠於自己的目標。雖然每週無法製作出兩到三則影片，不過我堅持至少要製作出一則影片。按照這種方式，一走就是五年多，轉眼間目前已經超過了三百多則影片，訂閱者也達到幾十萬人。雖然不是在短時間內實現的，但是不知不覺間也成為可以自信說出來的成果。

如果要在因為時間緊迫或被他人意志左右的人，和可以主導自己日常生活的人之間，選出哪個心理較健康，當然會選擇後者。源自健康心態的個人特色，會讓這個人更具有吸引他人的魅力。因此，我們必須意識到自己生活的速度。這是讓自己可以不會消化不良，健康活下去的祕訣，也讓自己擁有個人光芒的方法。

第二章

觀察有好感的人

我們對某個人產生好感的瞬間
是什麼時候呢？
還有，有魅力的人是怎麼行動的呢？

「知己知彼百戰百勝」，
如果懂得好感度和魅力的價值，
並且用自己的方式進行有意義的運用，
就能向曾經感到茫然的好感型人類
邁出一大步。

外表占據好感的比重

在以前執導的節目中，有為演出者量身定做的節目。每週都有新的演出陣容成為主角，每當此時，我都會採取先制定出可以將他們的魅力極大化的企畫，再設計細部構成的形式。例如，雙人女子組合 Davichi 演出時，我會設計幫關係親密的她們測生辰八字，或是邀請 Davichi 眼鏡的負責人，講述以相同的名字聞名的兩個組合之間發生過的趣事。因為是量身定做的內容，必須一一了解演出者的特點、興趣等，所以需要事前採訪。盡量在節目播出前和演出者見面，聆聽他們的故事並思考，接著在尚未公開的故事中，找出人們會覺得特別有魅力的元素並加以審視。

曾經有一位演出者在採訪中，讓我重新定義「魅力」這個詞。那是一位在大眾的眼中，形象多少有些粗魯的嘻哈歌手。為了掌握對方簡單的喜好，我詢問了他平時喜歡聽的音樂，得到的回答讓我露出了微笑。看似主要會聽流行嘻哈或流行音樂的他，帶着羞澀的微笑，說出了繼傳說的創作歌手柳在夏之後，另一名擅長製作活潑可愛音樂的樂團——J Rabbit的名字。與他原本讓人聯想到冰冷的冰塊或金屬的形象相反，在他的身上還隱藏著像暖爐般溫暖、柔和的感性。之後，我對他的好奇心開始增加，他的行動和話語也開始帶給我不同的感覺。這是我親身經歷到，即便是和外貌相反的喜好，也可以讓好感大增的瞬間。

我們身邊**總是有那種隨時被人群包圍的人。他們的共同點是比起外貌，越跟他們對話，人們對他們好奇或著迷的內在氣息越有魅力。**雖然每週都和光鮮亮麗的藝人們一起工作，但是他讓我印象特別深刻的理由則是內在。反之，即使外貌再帥氣，如果缺乏內在魅力，光芒也會比平時黯淡。我工作的廣播電臺由於媒體的特性，缺乏視覺要素，幾乎只會播出聲音，所以聽眾會更加專注於演出者的發言。這會更加凸顯他們的個性。因此，我很難不意識到外貌並非全部的事實。那麼比起外貌，在人的魅力中，占據更大比重的內在要素有哪些呢？

1 不錯的喜好

品味可以凸顯出自己的魅力。我會在既可以掌握古典音樂又能兼容自己風格的人、可以廣泛累積各種知識並懂得在適當場合運用的人身上感覺到魅力。因為他們有極大的可能性非常了解自己，並且擁有在自己喜歡的領域投資時間深掘的熱情和毅力。一個人的喜好具有說服力，那麼好感就會倍增。如果遇到不僅是自我陶醉或消費，而是超越消化喜好，懂得用自己的視線重新解釋的人，即使是原本不感興趣的領域，不知道為什麼也會心跳加速。像這樣**深愛著並懂得堅持不懈培養某件事的人，其能量就像磁鐵一樣吸引著其他人。**

能夠吸引他人的人們，在心理學上也揭曉了此祕訣。因為我們身上存在著只要看到燦爛的笑容，就會不知不覺跟著笑的「鏡像神經元」。熱情或愛情等情感具有傳染性。如果一起受到刺激，就會對對方產生正面的感情和好奇心。這是因為我們會很好奇，那個人在建立自己的興趣庫之前，過著什麼樣的生活。

工作時遇到的某位歌手，原以為他出眾的外貌更勝內心。親眼見過面後發現，不僅是表演者的樣貌，他的身上還充滿了音樂人的潛力。他從七、八〇年代的搖滾音樂到鮮為人知的古老名曲都很熟悉。不只消費音樂，還站在製作者的角度分析並收集歌曲。最重要的是，他沒有過度誇耀自己的興趣和知識。讓自己喜歡的東西發光發熱的瞬間，我身為大眾的偏見消失了。在那之後，我成為了他的粉絲，期待並支持他的未來。

2 不屈不撓的心

在多如繁星的迷因（meme）中，我喜歡「重要的是不屈不撓的心」這句話。流行語支配著那個時代人們的潛意識，所以我希望帶有正面意義的迷因可以廣為流傳。就像「不屈不撓」流行後，比起沉浸在失敗主義，不想放棄自己信念的人聲音越來越大。

在工作中，我曾遇過許多信奉「不屈不撓」精神，十分有智慧的人。聽了他們的故事，就會感覺到我的心中有些一度被我遺忘的東西正在蠢蠢欲動。為了解決眼前的事情而忘卻了一段時間的生活真正目標，就是重新思考人生的信念是什麼。在回頭審視自己並獲得能量後，**就能體會到不屈不撓的內心力量，才是那個人最強大的魅力。**

哲學家蘇格拉底（Socrates）是透過生活證明「不屈不撓」可以成為強大魅力的人物。根據當時的紀錄，蘇格拉底的外在魅力比任何人都還要弱。不過，他的言行卻不平凡。在外貌至上主義盛行的雅典，蘇格拉底的外貌雖然並不受歡迎，但是許多青年們卻陷入以堅定理念傳達教誨的他心中的美麗，狂熱地追隨他。儘管他沒有寫過書，他的教誨卻可以流傳到現代，這都是多虧了他的弟子柏拉圖。直到最後一刻都沒有放棄自己的信念，而是毅然決然喝下毒酒選擇死亡，蘇格拉底的一生不僅為各種藝術作品帶來靈感，更對這個世界造成巨大影響。

「長得好看的人很無趣。」

某天，我聽到朋友說了這樣的話。雖然反問了他那是什麼意思，不過仔細聽了理由後，我認為他說的沒錯。帥氣的人們外表魅力已經很強，即便不培養口才或判斷力、幽默能力，人們願意追隨他們的機率也很高。相反的，外貌沒有那麼帥氣的人為了獲得人心，有很高的機率會不斷努力在各方面開發自己。雖然不是所有長得好看的人都很無聊，但是懂得克服自己的自卑感，培養其他優點的人確實容易讓他人留下深刻的印象。從這一點來看，這句話在某種程度上是正確的。

當然，我們不能否認外貌對魅力的影響很大。儘管如此，有很多人無關乎他們的外貌，還是可以擁有相當高的人氣。所以，與其執著於難以改變的外貌，不如培養自己固有的魅力吧！如果不是藝人，就無須獲得大多數人的喜愛，只要在身邊找到了解自己真正價值的人，那就夠了。

如果善良，就是冤大頭？

不知道從什麼時候開始，「善良」一詞的意義逐漸被淡化。比起它在字典中的意義——「人的心和言行美好仁善」，我們通常會先想到的是其他意義。例如，聽到別人稱讚我善良的話，我會先思考自己在別人眼中，是不是看起來很好欺負。尤其，從性格方面來看，「善良」也被視為用來粉飾「沒有魅力」的詞語。向對方提出「為什麼喜歡我？」的問題時，如果得到的回答是「因為你很善良」，有人可以完全接受這個答案嗎？

關於我們很難正確接受「善良」這個詞的現象，將這個詞用來形容他人看起來「傻乎乎」或「好欺負」的人也有責任。就像經歷過對方說著「因為你很善良」的同時，希望我們只按照他們的意圖去做的經驗後，便對「善良」一詞產生過敏反應一樣，如果不斷累積「善良對生活不是很有利」的經驗，我們自然就會隱藏起善良的樣貌，或是刻意裝出強勢的樣子。

因此，我認為善良的人很難擁有魅力。然而，在累積職涯經歷的過程中，我遇到很多不同領域的人，這樣的想法逐漸產生變化。

一切都是從遇到無條件幫助我的人，以及在發生好事時，會真心和我一起高興的人開始。很多人會因為無條件對他人展現善意本身就感到幸福，甚至連自己的本分也可以處理得很好。他們身邊也聚集了其他善良的人。因為從懂得互相幫助、真心對待他人的人身上獲得感動，自然就會覺得善良也能帶來好感。我也擁有讓自己想要成為那樣的存在的力量。

「善良」和一眼就能吸引或掌握對方的魅力不同，需要花一些時間。但是，一旦著迷，比什麼都還要珍貴。在人生中追求「善」，比什麼都需要消耗大量能量。因為即便有捷徑，為了做出更好的選擇而想選擇善良的途徑，不僅要和自己，還要和整個世界戰鬥。活得越久，**我對「最後的勝者是善良的人」這句話越有同感。必須始終如一堅守自己的信念，才能培養堅韌不拔的精神**。

那種善良的人還擁有具體性和執行力。把存於心中的善良信念融入自己的性格並使其具體化，不管是對自己還是他人都很親切。而且，不只是擁有善良的心，還要付諸行動。我認為這些人具有「一貫的親切」的特徵。

善良的人們會傾聽他人說的話，用心做出反應，並且從替對方著想的態度中，流露出親切感。我也想要報答那份心意，結果卻親身感受到親切這件事有多困難。因為我們身邊有很多阻礙親切的藉口。越是一貫的親切，越是如此。在心情好、情況好的時候，我們有很多親切對待他人的餘裕。反之，在人生烏雲密布的時期，如果也想要保持親切，並不是一件容易的事。

在缺乏體力時，就算是平時常做的事也會讓我們覺得麻煩或突然感到煩躁。因為被心情所左右，儘管不是什麼大事，在感情過剩的時候，只是想要維持平常心也會變得很費力。調整呼吸、停下來思考、付出心血等不可能不是耗費時間、體力和感情的事。

善良的親切不只是自己的身邊，還包括世界。即使面對不是自己認識的、親近的人，而是完全不認識的陌生人，也可以對他們和藹可親。看到那些願意對素不相識的人釋出善意，甚至犧牲自己的人，我會得到莫名的安慰。那股溫暖也傳到我身上，讓我覺得這個世界還是值得活下去。

為什麼可以總是那麼親切呢？我身邊那些**善良的人們有一個共同點，那就是擅長管理心靈。為了不讓體力的極限演變成心靈的極限，他們很懂得照顧自己的身體和心靈**。雖然不是一開始就那麼擅長，不過藉由反覆試驗，最終得到了解自己的限制並加以管理的方法。他們擁有就算日常生活再忙，也要抽出時間給自己適當的補償，不讓心靈感到疲憊的祕訣。

我突然想起自己不停工作，結果出現職業倦怠的那個時期。因為身心俱疲，我開始對身邊的人很苛刻，甚至反問自己為什麼要活著的狀態，所以我覺得是時候該自己出手制止這一切。再勉強也要抽出時間好好休息一天。這麼做的結果是驚人的。只是遠離工作二十四個小時休息一下而已，居然讓我冒出想要再次投入工作、和人們見面的想法。讓我拋棄因為自己還年輕，所以比起休息，更應該努力工作的想法，就是從那個時候開始的。就像是再怎麼喜歡跑步的人，如果不停跑步，總有一天也會精疲力竭一樣，我了解必須給自己休息時間，才能對自己和身邊的人也保持溫暖的心。

最終，我得到這樣的結論。善良難道不是源於懂得對自己溫柔的人身上的能力嗎？如同觀察他人那樣，時時刻刻確認自己的狀態是否良好並試圖理解自己的努力，可以創造出善良的持久力。就像真正懂得愛自己的人才懂得愛別人一樣，只有我站穩腳步，才能向他人好好傳達正能量。因此，每當我看到一貫親切的人，我的心都會不知不覺向他靠近。同時照顧、培養自己和他人，需要加倍的努力。

Hirenze Choinel
看久了依舊很有魅力的人擁有的三大特徵。

氣場強大者的魅力

現在是強勢的角色備受矚目的時代。不過短短幾年前，「氣場強大」還帶有強烈的否定性色彩。雖然這樣的形容方式包含的意義基本相似，但是現在「氣場強大」一詞也具有正面的用法。

在比起表達自己的意見，一同成長更為重要的七、八〇年代，韓國社會將「上命下從」視為理所當然。那是個為了組織的發展，個人的犧牲和忍耐被當成美德的時代，所以對於擁有強烈的個人主張或個性的人才偏好度下降。然而，他們在日常生活中，也是不容忽視的存在。

不過，現在不一樣了。重視工作和生活均衡的「勞逸平衡」（Work life balance）已經成為一種模式，我們對個人生活和幸福的重視程度也越來越高。隨著重視自我的文化普及，在任何情況下都要守護自己幸福和生活的強勢角色開始受到矚目。

從媒體可以感覺到更明顯的變化。如果說以前會用「強勢」形容服裝、妝容等外貌打扮的風格較強烈，或是說話毫不留情的人，那麼最近則會根據內心世界，形容一個人強勢。在說出該說的話時不會驚慌失措或畏畏縮縮，而是笑著冷靜表達意見。此外，在該站出來的時候，懂得站出來；必要時也知道該退讓。不再是既有的負面形象，而是用來形容意志堅定的人，強勢一詞的意義出現變化。那麼，在正面的意義上，擁有強大魅力的人有什麼特徵呢？

1 以自己為中心

舞蹈生存戰《街頭女戰士》是一檔讓強勢的人們充分展現魅力的節目。為了幫沒能在舞蹈對決中取得好成績的隊員們打氣，毫不猶豫說出：「我們還是最帥氣的，做得好！」的隊長，到在擁有頂尖經歷的對手面前，要求選擇自己的編舞而再次毛遂自薦的老么舞者。因為是比賽節目，所以即便是在必須競爭的情況下，選手們也不會越線，而是沉著地展現自己的魅力。此外，舞者們耀眼的團隊合作在當時也蔚為話題。

最重要的是，她們的魅力在於懂得在適當的時機暢所欲言。如果有必須說出口的話，不論年齡、社會地位、實力差異，她們都會理直氣壯地說出來。偶爾也會遇到即使把想說的話說出口，結果也沒有任何改變的時候。不過，有意義的是，就算知道很難，也會在機會降臨時竭盡全力。在可以鼓起勇氣之前，需要不斷磨練實力並累積自信，才有可能實現。

就如同樹木的根越強壯、越粗，越不會因為風吹而動搖。**只要對自己的信仰和信念夠堅定，就能擁有在任何瞬間都不會動搖的氣勢。**憑藉電影《夢想之地》獲得奧斯卡最佳女配角獎的演員尹汝貞，每次在接受得獎感想採訪時都會成為話題。她沒有看任何人的臉色，直接打破以好萊塢為中心的思考方式。她說，自己並不嚮往好萊塢，卻仍然選擇演出好萊塢電影的理由是，如果在美國工作，至少可以見到在美國生活的兒子一面。

「我不喜歡『最棒』這個詞。不要當最棒的，而是『最中等的』。大家一起好好生活，不行嗎？」

對於是否認為現在就是最棒瞬間的問題，尹汝貞做出了這樣的回答，為生活在激烈競爭中的現代人帶來愉快的安慰。在最近的採訪中，她對自己的坦率個性表達了這樣的想法。

「這段時間，我活得很坦率。不過，仔細想想，這種個性也有可能會變成無禮。本來應該好好守住原則，但是為了有品味地老去，坦率似乎變成不是一件值得炫耀的事。人生就是這麼複雜。因此，未來我想成為一個正直的人。」

我從這裡學到了一點。就是在任何情況下都可以暢所欲言，並且讓說出口的話令人感到愉快的超凡魅力的祕訣。不過於自信，經常審視自己的行為，也許正是讓內心變成強勢角色的方法。

2 感情臨界點較高

用來指稱水沸騰之點的「臨界點」，也可以用在感情方面。讓人感受到強大魅力的人，其感情的臨界點較高。感情波動小的人與感情起伏大的人相比，較容易保持撲克臉，因此留下不容易親近的印象。尤其，越是負面的感情，越是如此。堅持自己的想法毫不動搖，也不會大發脾氣的超然形象，讓人可以從中感受到從容。

和感情臨界點較低的人比起來，感情臨界點高的人也有看起來比較專業的優點。體育選手就是其中的代表之一。資歷越久、實力越強的選手，越不容易悲喜交加。反之，越是業餘選手，感情就越容易被動搖。在社會生活中，**懂得調整感情，不讓心情影響待人處事態度的能力，也是專業人士的基本資質**。

那麼，與此相反，悲喜交加的人該怎麼做，才能提高感情的臨界點呢？我認為方法在於經驗和從容。

① 累積的經驗

正如下過雨後，土地會變得更加堅硬，我們一生中經歷的事件會提高感情的臨界點。以我來說，進入三十幾歲後半段之後，我覺得自己的感情臨界點比二十幾歲時高了很多。在經歷過大起大落的事件，遇到各式各樣的人後，我發現自己與過去不同，受到外部影響的情況減少了。同樣的，那些氣勢強大的人，很多都是經歷過千辛萬苦，或是擁有各種生活經驗，才會成長為今天的樣貌。

② 情緒上的從容

如果在情緒上足夠從容，就不會輕易被動搖。例如，當被人踩到腳，對方卻沒有道歉就快速離開時，如果情緒不從容，就會馬上生氣或想要抓住對方追究責任。然而，若情緒足夠從容，不愉快的感覺就會轉瞬即逝。就算心情暫時惡化，也會很快就萌生輕鬆度過負面情況的包容力。

當我知道情緒上的從容很重要後，我一定會在一天的開始加入從容的空間。即使再忙，也要早起，空出喝一杯咖啡的悠閒時間，順便檢視當天的工作安排。我不想再被時間追著跑，內心感到焦急不已的情況下開始一天。今天也能夠自主度過的自信，也成為當天工作時可以展現從容的根據。

3 有標準

如果替工作、人際關係、生活制定堅定的標準，就可以抓住不輕易被外部因素情況動搖的主見。在尚未建立標準時，我對所有發生在自己身上的一切情況都反應敏銳，感情起伏也很大。不過，有了標準之後，我可以專注在標準範圍內發生的狀況，感情上的動搖因此減少了。

像尹汝貞那樣，在任何情況下都能理直氣壯並不失幽默地表達意見的長輩們，我感到非常激動。想像中的帥氣的大人確實存在，所以我也有可能變成那樣。**讓我們透過自我反省，慢慢建立心中的主見和哲學吧！可以肯定的是，連不知何時會降下的陣雨，也會被用來當成鞏固地基的強大工具。**

Hirenze Choinel

善良卻又氣勢強大的人具備的特徵。

♥好感筆記♥

讓內心變堅強的能量金句

- 機會得來不易。即便知道困難，只要有機會就會竭盡全力。
- 如果有話要說，不論對方的年齡、社會地位、實力差異，都會說清楚。
- 對自己誠實。不會自滿或過度相信自己。
- 累積經驗。經驗越多，越能產生不易大喜大悲的超然。
- 哪怕只有十分鐘，每天也要創造悠閒的時間。這是為了消除心中的急躁，提高包容力。
- 對於工作、人際關係、人生，一定要有一個只屬於自己且必須遵守的標準。

生活中經歷的事會成為即使外部情況改變也不會動搖，專屬於自己的主見。如果我的哲學能夠建立，就可以讓自己在任何情況下都理直氣壯。

貴氣形象的另一面

不久前，時尚界流行起「老錢」（Old Money）風格。看到這個用詞的時候，我的心中不禁冒出疑惑。為了追求老錢風格，就算穿著名牌，也不能明確顯露品牌標誌，風格也不能太過華麗。就像很久以前就很有錢的名門望族，要穿設計端莊、材質高檔的衣服。媒體也稱讚用老錢風格打扮的名人們「很貴氣」，助這個潮流一臂之力。

金湯匙們身上被稱為「老錢」的造型可能有共同點。但是，我對於這種風格可以規格化，並像流行一樣蔓延的現象，抱持著懷疑。即便不斷創造可以刺激消費的新流行是時尚市場的法則，我卻覺得這個名稱讓我們忘記最低限度的帥氣。因為在以「帥氣」為重的市場上，選擇的標準居然是「錢」的事實，多少有點露骨。

單詞的力量很強大，可以塑造一個框架。當該框架擴散的瞬間，我們也會不知不覺對自己進行審查。如果某種時尚被冠上「老錢風格」的定義而流行，其他風格很容易成為跟不上流行，或是與潮流相悖的風格。看到別人身上穿的衣服，可能讓我們開始追求「老錢」，或是出現因為材質沒有想像中那麼高級，而被稱為「新錢」或「沒錢」的標準。

以這種意義來說，區分真錢和假錢、舊錢和新錢是件苦澀的事。這難道不是反映因為經濟蕭條而羨慕金湯匙的時代趨勢嗎？雖然可能會羨慕與生俱來的財富，但是以此為目標和指標的社會並不健康。比起羨慕別人身上與生俱來的條件，應該要專注在自己身上可以改變的部分，並且讓這個世界成為可以支持個人的努力或成長的世界。

雖然對「老錢」的潮流產生反感，不過修飾這個潮流的詞語中，有一個是好感的重要因素——那就是貴氣。高貴的人身上散發出的姿態，不就是貴氣嗎？我們都是某人寶貝的子女，也是世界上獨一無二的珍貴存在。那些愛惜自己的人身上就會散發出貴氣。如同對自己理直氣壯的人會比貶低自己，或是覺得自己很寒酸的人看起來更帥氣一樣。

我想要再加上一個條件——珍惜他人的態度。因為我們不會覺得那些只愛自己，卻虧待他人的人貴氣。無論多麼富有，我們無法從經常作威作福、對員工大吼大叫的富豪身上，感受到貴氣或品味。反之，懂得珍惜並尊重比自己年輕許多的人生後輩，這樣的大人渾身充滿貴氣。雖然在工作上遇過很多累積大量財富和名氣的名人，不過讓我產生好感的人卻展現出這種態度。就算是單純擦身而過的工作人員，也會看著對方的雙眼打招呼，並叫喚他們的名字。因為愛自己，才會尊重身邊的人。

如果說老錢風的貴氣是外在條件，那麼我認為**真正的貴氣是在於內在的態度**。我遇到的那些散發高貴魅力的人，與是否有錢、皮膚好壞、髮質優劣無關。只是，在散發貴氣的人身上，這些態度尤為突出。

① 體諒對方的同時，又不貶低自己的語言習慣。
② 珍惜人生，懂得感恩的態度。
③ 了解自己，且懂得自我反省的樣子。

因此，貴氣的完成取決於珍視自己和他人的態度。珍惜自己，就不會做出對自己不利的事。若為他人著想，可以傳達尊重他們的心意，也可以反過來從別人那裡得到真心。從珍惜自己開始，重新得到別人的愛，接著再讓這份愛循環下去。

說不定，我選出的充滿貴氣的魅力比起「老錢」，更接近「舊愛」。因為珍惜人的心是源自於愛。**就像錢財可以代代相傳，愛情也會一代一代傳承下去。被人愛著長大的他們會珍惜自己，並將這份愛分享給他人。**

電影《刺激一九九五》中，有一句台詞留在我心底很久。是劇中被人誣陷而遭到關押的罪犯安迪說的話。

「這裡面有音樂。音樂是美麗的，因為誰也搶不走。」

一旦被刻在心底的旋律是在擁有的一切都被沒收的監獄裡，能夠保有的唯一樂趣。留在我們心中的愛、寶貴的價值、精神上的能量正是如此。因為誰也不能強行搶奪，這是多麼寶貴的財富啊！所以讓我們來打造舊愛吧！即使擁有的東西很少，也可以成為散發貴氣、高貴的人。

難忘之人的特徵

你心中有擁有讓人終生難忘魅力的人嗎？我曾經在製作內容時遇到的各領域專家，向其詢問長期留在他們記憶中的人有什麼樣的特點。從他們的答覆中，我發現了一個共同點。雖然對方的魅力也很重要，**卻還有其他對好感產生巨大影響的因素。那就是對方對待我的態度。**根據對方用什麼樣的眼神看待我、用什麼樣的言語和行動對待我，感受到的好感可能會變小，也有可能會變大。

我也是一樣。因為我曾在做節目的過程中，親眼見到過去在螢幕上見到的人時，感受不到相同的魅力。相反地，也遇到過在見面後，產生好感的人。這都是因為在一起對話的瞬間，對方表現出的心意和蘊含那份心意的眼神。實際上，見過面後會產生好感的人在態度上大概有兩個特色——「專注度」和「好感表現」。

在我們不知情的狀況下，我們的身體會透明地展現出自己的內心。透過眼神、身體的方向、距離等在無意中發出的信號，對方會原封不動地接收到。如果有盡全力專注在我身上的人，那段時間將成為美好的回憶，自然而然也會產生好感。

美國前總統比爾．柯林頓（Bill Clinton）是個擅長表現好感的代表性人物。在與民眾打招呼的短短幾秒鐘內，他會流露出溫暖的目光。接著，在需要與下一位民眾握手時，還是會和上一位對視，再慢慢轉移視線。很多人從柯林頓的這種態度中，感受到他的魅力。

我有一些特別受人歡迎的朋友也是如此。如果跟著朋友去了鬧區，一定會有人上前搭話。對此，我覺得很神奇，於是觀察了一下朋友為什麼會吸引陌生人。結果在朋友身上發現了我沒有的樣貌。朋友對路過的人、坐在隔壁桌的人、周遭的人都很「關心」。穿著某種風格衣服的某人經過、有人盯著自己等，朋友說的這些話都是看到對方並產生興趣才會知道的。

後來，我採訪了行動心理專家，才知道朋友的行為是強烈的好感技術。換句話說，凝視對方的行動，也就是眼神接觸可以讓對方產生好感。對其他人很感興趣的朋友本能地使用了吸引對方的技術。

向對方投去的特別視線，對於一起工作的對方來說也是很管用的魅力因素。在剛步入社會時，我曾在某位製作人的節目實習過。製作人為了緩解年輕演出者的緊張，故意彎下膝蓋，讓自己的視線可以配合對方後，再開始對節目進行說明。看到製作人配合自己並體貼自己的樣子，演出者最後放下了擔憂，營造出溫馨的氣氛。

人類是渴望愛情和人情的存在。當我愛的人、親近的人，還有每天遇到的人認可我、禮遇我時，我會感到幸福。即使是自尊心高、獨立心強的人，如果被每天見面的人虧待或無視，也無法感到幸福。有人說，即使沒有人知道，也要努力成為懂得尋找自己幸福的人，才是健康和成熟的人生。儘管如此，如果互相擁抱、認可，並且傳達心意成為基礎，我們就可以獲得過上更好生活的力量。

「什麼嘛！製作人的聲音太好聽了吧？」

雖然在工作中遇過數百名以上的人，但是如果要挑選出至今讓我記憶深刻的人，那麼那些人就會是用特別的方式對待我的人。我曾經在擔任廣播製作人和主持人的同時，下班後還經營自己的播客，為累積職涯經驗而努力。在那個時候稱讚我的二重唱組合，是我至今仍然無法忘記、值得感謝的存在。聽到比任何人都聽過更多聲音的歌手們對我的稱讚，就像是在鼓勵我不要放棄夢想。這也成為我至今一直用聲音和聽眾溝通的原動力。

一想到有魅力的人，我們通常會勾勒出有個性的時尚，或是出眾的外貌等視覺形象。當然視覺元素也發揮很大的影響力，**但是長久被記住的魅力來自於創造某人一輩子難忘的瞬間言語和行動**。擁有這種魅力的人有三種力量。

①抓住別人容易錯過的樣貌，並用語言形容的能力。

②尊重眼前的對象並投入的專注力。

③用充滿愛意的眼神看著對方，並給予特別的關心。

簡單來說，就是讓相處時間變得愉快的能力。根據魅力的酬賞理論（Reward theory of attraction），我們會喜歡給予酬賞的人，並希望維持這樣的關係。因此，就像古代哲學家赫卡托（Hecato）說過的「如果想要得到愛，就要去愛」一樣，先行動起來吧！因為這是個沒有足夠的時間去關心他人的世界，就算是小小的手勢也很珍貴。為了相處的時間而努力的人，開出的花會更大、更香。

♥好感筆記♥

成為令人難忘的魅力人物應有的態度

- 每個瞬間都全力以赴，專心對待對方。
- 即使是短暫的相遇，也要積極表現出來。
- 產生「我認識你」的關心。
- 配合對方的視線進行對話。
- 即使可能錯過的渺小優點也不會忽略。
- 不會視而不見，以尊重的方式說話。
- 承認自己的失誤或弱點。
- 不會做對方討厭的事情。

Hirenze Choinel
絕對不能錯過的人具備的四大特徵。

讓對方解除武裝的訣竅

從某個瞬間開始，我不太容易喜歡上在電視上看到的人物。因為只要有機會出現在很多人看得到的媒體上，只要是人都會想要展現出自己最好的一面。只看那個人好的一面，產生超越期待的想像。但是，當那個人露出相反的樣貌時，失望的能量就會讓我們覺得可惜。甚至，那份期待也有可能是當事人不想要的。因此，從一開始就要警惕，不要沉溺於其中。

然而，即便如此，如果發現再次讓我們產生期待的人，就會猶豫是否要打開心扉。就這樣，在最近開始了令人心情愉悅的煩惱。某個戀愛真人秀節目的演出者惹哭了和她約會的男性，而且足足惹哭了兩位。不過，這卻不是負面的狀況。在約會時，沉浸於溫馨的氣氛中對話，因為情感達到高潮而流下了淚水。由於不是當事人，所以對於他們的感情線，我無法做出判斷。然而可以確定的是，讓對方陷入感性，最後流下淚水的演出者擁有讓人解除武裝的魅力。甚至，讓透過畫面觀看這一幕的人也不禁聚精會神。她究竟是如何打動對方的呢？

最吸引我的是演出者的一句話。她使用了理解並肯定對方的說話方式。即使有無法理解的一面，她也會展現出想知道為什麼會那樣的態度，並且先肯定對方與自己的不同之處。因為是戀愛節目，比起那些為了討好而費盡心思，或是戴上虛偽面具對待他人的演出者，我反而不知不覺將注意力集中在充滿真誠的演出者身上。

「你讓我想要成為一個更好的人。」

我們會對那些讓我們想成為更好的人有好感。這種說法雖然很像許多情歌的歌詞和電影台詞中會出現的陳詞濫調而稍嫌陳腐，但是對人們來說膾炙人口的原因，可能也是因為這是事實。我們的心想要報答的習性很強。當對方相信我並為我加油時，我們會為了不辜負對方的期待而努力，並從中獲得生活的活力。從隨著信賴而進步的心理學理論「皮格馬利翁效應」（The Pygmalion Effect）中也可以看出，人也會隨著對方看著自己的目光而快速成長。

當處境越艱難，支持和肯定自己的人看起來魅力就越大。如果有一個人沒有惡意，以純粹的心對待我，他將成為一道光。我們試著推測一下先前提到的那位演出者，是否也是因為同樣的理由而落淚。對於在難以確認彼此心意的狀況下，因為必須在短時間內選擇對方的壓力而感到混亂的演出者們來說，理解自己的人就像可以瞬間融化凍僵的心般的暖爐。

這種魅力在工作時也會發揮同樣的正面作用。被稱為處世之道大師的戴爾・卡內基（Dale Carnegie）認為，**獲得人心的方法是召喚出對方的高尚動機**。如果不知道彼此是什麼類型的人，在提出像樣的名分和理由時，對方就會對我產生好感。也就是說，在對話過程中，如果對方認為我是真實且可以信賴的人，大部分都會展現友好的態度，並且可以取得更好的成果。

因為與自己隸屬的集團相比，他人的道德較差且不可信賴的「次等人化」，我們會對他人感到不安。然而，如果主動先伸出手，就會發現人們比想像中更友善，而且也比自己預期中的更好。

在工作上，如果遇到在業界名聲不好，或是感覺跟我不合而感到負擔的對象時，我也會努力用相反的心情武裝自己。對方說不定會意外地和我合得來，業界傳聞也只是傳聞而已。像這樣不帶偏見，正面對待對方的時候，常常會有對方也對我很友善的經驗。雖然曾經有過急於迴避或以防禦的態度對待對方的情況，不過我現在知道，採取正面的態度，更能讓關係形成良性循環。

「製作人不管做什麼，一定都會表現得很好。因為妳擁有很多東西。」

從廣播電臺離職時，有個後輩相信我並為我加油。在離我最近的地方工作，應該也遇到很多困難，不過這個後輩總是看好我。即使是現在，每當我見到那個後輩，還是會燃起一股令人愉悅的緊張感。為了成為不辜負期待的前輩，我說的每句話、做的每個行動都變得小心翼翼。和後輩見過面之後，我的心情總是很好。甚至又開始期待可以再次見到那個讓我心情變好的後輩了。

基督教的「你們願意人怎樣待你們，你們也要怎樣待人」的黃金法則，難道不是為了讓人生幸福的真理嗎？因為不讓別人做自己討厭的事，而是把自己喜歡的事讓給對方做的時候，彼此都會覺得幸福。

因為好感有相互性，所以隨著年紀增長，我越認為如果依照我希望被對方對待的方式，先真誠地對待對方，就越可以得到相似的待遇。如果想要打開某人的心扉，就先表現出自己理想中的樣子吧！如此一來，對方也會為了報答你的心意而幸福地苦惱著。

努力型好感的路線

〈直到結束之前不算結束〉（It ain't over till it's over），這是藍尼・克羅維茲（Lenny Kravitz）的歌名，也是我喜歡的句子。這句話不但激動大家不要放鬆警惕，盡全力到最後一刻，也以「雖然一開始較弱，不過結局將昌盛壯大」的意思被廣為運用。雖然根據情況不同，解釋也盡不相同，不過這是一首在人生遇到較多曲折的時期，支撐著我的歌曲。所以，在擔任製作人的時候，每當我想要向因苦惱而疲憊不堪的聽眾傳達訊息時，就會經常播放這首歌。不論是人生、工作，或是人際關係，直到結束的那一刻前都不算結束，所以我希望大家不要太沮喪，也不要感到太洋洋得意。

剛開始雖然沒有明顯的成果，不過隨著時間過去，我遇到事業有成的人，更加感受到全心全意的力量。我在音樂串流服務公司上班時，每週都會遇到很多明星。近距離觀察他們，讓我學會「直到結束之前不算結束」的道理不侷限於工作或人際關係。

魅力也是如此。置身在充滿魅力的人之間，只要制定戰略並好好努力，就能鞏固自己的魅力。從藝人的職業特性來看，如果沒有外在的魅力，從一開始就很難踏入這個圈子。因此，大部分的明星在外表上都有明顯的特色。儘管如此，更會被大眾注意，並且隨著時間過去，能夠吸引大眾更多注意力的另有其人。

觀察偶像組合時，可以發現一個有趣的現象。雖然外貌出眾的成員在獲得大眾認知度時貢獻良多，不過後來逐漸對團體活動產生正面影響的，卻常常是擁有其他魅力的成員。另外，讓粉絲們更加狂熱的成員也另有其人。站在大眾立場的我對這個現象產生了興趣，並觀察到那些在有魅力的人之中，擁有更強烈魅力的他們身上的祕訣。

1 好感與次數成比例

我在製作節目時，至少會和演出者見面三次。初期構思階段一次、節目拍攝時一次，最後透過編輯再見一次。透過事前採訪，或是演出者在媒體上的表現發掘其個性，並建立與之相符的構思後，再進行拍攝。最後，為了展現演出者最大的趣味和魅力，反覆進行剪輯。就這樣，我與一個人或一個團體見面至少三次以上，並且在製作內容的過程中，從演出陣容身上發現自己以前不知道的魅力。

某天，我意識到有個成員總是吸引著我的視線。雖然一開始不太顯眼，不過他格外積極參與節目，並且在製作組想要的時機說出了經典的台詞。多虧如此，在所有節目份量中，他占據的比例最大。他懂得把握絕佳的時機，展現機智的一面。從拍攝到完成編輯後，他在不知不覺間就進入了我的心中。神奇的是，他明明不是打從一開始就能讓人感受到魅力的那種成員。

我從這裡發現了一個魅力的策略。**即使不感興趣，經常出現在自己眼前或看得越久的人，好感也會越強烈。心理學將這種現象稱為「單純曝光效應」**。當我們從某人身上感受到魅力和好感時，就會認為「因為他是我的菜」或「這是我意識的結果」。然而，這只是錯覺。無意識的力量比我們想像的還要大。在還來不及意識到的瞬間，讓我們動心的心理因素已經發揮了強大的作用。

製作人們常常會遇到這樣的狀況。有時候會對在自己製作的節目中表現活躍，占據很多節目份量的演出者產生興趣。在節目結束後，至少會有一個「最愛」（最喜愛的成員）

留在心中。他們會被綜藝感突出、口才優秀、表演出色等積極展現自己才華的人吸引。

這樣製作出來的節目會包含製作人的眼光。然後，觀眾們也會感受到這一點。不只是製作組，甚至抓住了觀眾的心，廣泛宣傳自己魅力的演出者隨著時間過去，可以接到更多演出邀請，有機會可以更確實地宣傳自己。

尤其，在有魅力的人聚集的群體中，會顧及自己利益又有抱負的人、懂得展現野心本分並努力的人，即使剛開始很微弱，也會越來越亮眼。看著他們，我也跟著鼓起勇氣。在認為與生俱來的天賦很重要的演藝圈，也有透過努力為自己開拓道路的人。

2 不足之處變成魅力的魔法

夾在優秀的人中間，是否曾經覺得自己渺小又寒酸？那麼，以後請記住**「醜小鴨效應」**吧！就像童話《醜小鴨》中的醜小鴨一樣，雖然看起來比其他鴨子還要醜，但是善加利用這一點，反而會成為我們獲得他人好感的魅力。「醜小鴨效應」正是來自於此一事實用語。與大多數人擁有不同特徵的我，看起來反而更有個性而獲得好感。就像一開始看起來不起眼的醜小鴨，最後卻蛻變為耀眼天鵝一樣。

對於粉絲來說，在一個偶像團體裡，最受歡迎的成員對於身為大眾的我來說，看起來並不顯眼。站在身材高䠷的成員之間，身高比較矮小，而且與其他性格豪爽的成員相比，他的個性也顯得很害羞。甚至，在參與節目時的表現上，也不是很活躍。然而，粉絲們卻覺得這一點很有魅力。這是因為與其他成員不同的一面，反而讓他更加突出。這也可以用「焦點效果」（Perceptual Focus Effects）來解釋。所謂的焦點效果是指，在選項較多的情況下，過度集中於特定的資訊而陷入僵局的現象。如果給予相似條件的選擇較多，我們通常會傾心於擁有最不同特性的對象。當所有人的身高都很高，那麼個子矮的人就會被注意到；若大家都染了頭髮，那麼黑頭髮的人就容易吸引到他人目光的現象就說明了這一點。越重視視覺要素的工作，就越需要有策略地利用焦點效果。進行 K-pop 經紀工作時，如果要發行新專輯，就會幫主要想推的成員做不同的造型，以凸顯他的形象。這也可以視為瞄準焦點效果的案例。

當然，在魅力這件事上，「不同」並不是全部。雖然我見過的偶像成員身上，也有比其他成員更不顯眼的不同之處，但是他們不會一直等待大眾將那個不同當成魅力。比起因為自己身上沒有的魅力而感到遺憾並想要躲藏，他們更集中於自己擅長的事。並且，他們還強化了讓粉絲們熱愛的性格特性，持之以恆進行自我管理。就連只是和他們短暫合作的我也能看得到，那麼對於一直用蘊含愛意的目光看著他們的粉絲來說，他們的真心更能得到人心。

生活中，我們總是會面對比較或被比較的瞬間。別人看起來都表現得很好，卻似乎只有我落後，所以不禁有點畏縮。但是，我一定也有擅長的事。**帶著「即便如此，至少這件事可以做得好」的想法，就算是很渺小的特性，也試著保持下去吧！這就是我的魅力，也是我的武器。**就像那些把自己的魅力變成魔力，以此實現目標的人一樣，如果帶著自己的武器前進，就可以打開另一條路。

♥好感筆記♥

平凡的人也可以找出特殊魅力的方法

- 至少找出一件自己擅長的事。
- 不要刻意隱瞞自己缺點。
- 別人身上沒有的，在我身上可能會成為我的魅力。即使那是不足之處。
- 發現「不論如何，至少可以做得到」的事，並試著保住。
- 展現野心吧！這種面貌本身就會給人勇氣。
- 知道比起一開始就很有魅力的人，沒有魅力的人更多。
- 隨著時間過去而獲得好感的人是個性有魅力的人。

Hirenze Choinel
讓人隱約在意的方法。

讓年紀變成文憑的大人們

有時候我會害怕變老。有些魅力來自於年輕本身，但是如果青春流逝，還會留下什麼呢？總有一天，我也會對世界的趨勢感到厭煩，並且晚一步才知道現在正流行的事物。不過，回想起來，我覺得很有魅力並選為榜樣的人，大部分都是年紀大的。就算時間流逝，也總是散發出知性美，深思熟慮的樣子讓我產生了好感。想起他們，我開始思考自己為什麼會對歲月的痕跡產生好感？即便時代變遷也不嫌俗氣的魅力又從何而來？

仔細想想，現在我們口中的「古典音樂」本來是流行。古典音樂和爵士樂對於生活在現代的我們來說，雖然都是古典，不過在當時應該是最受歡迎的類型。然而，不是所有年代久遠的事物都可以被稱為經典或古典。我們知道的古典音樂是作品價值高或膾炙人口的名作。二流作品、習作、不知名的某人之作很可惜無法挑戰。

如果害怕年紀增長，要不要試著在我們的人生中，讓自己成為名作呢？就像是因為歲月的痕跡而產生皺紋，連褪色的感覺都很優美的皮革。不是每個名作都一定要出名。如果在自己的地盤裡，成為如同名作般擁有深度和感動的人，那將是可以讓自己充分滿足的人生。青春苦短，但是人生比想像的還要長。那麼，我們要怎麼做才能活得有深度呢？

1 繼續挑戰並學習

在工作時，曾有過很多機會見到風靡一時的長輩。雖然有很多帥氣的人，不過也有令人感到惋惜的長輩。他們都是被困在自己當紅年代裡的人。雖然時代變了，世界的觀點也發生了變化，他們卻依舊停留在過去的榮耀中。他們通常只會反覆遇到同一種人；只去認可自己的人會出現的地方，並且只談論那個年代。他們和我們生活在同一個世界，卻又彷彿活在不同的時代，自然無法適應潮流，甚至對最近的世界和年輕人持否定態度。對於認為過去更好的他們來說，現在讓他們感到不便和不滿是理所當然的事。問題是，因為他們看待世界的觀點是負面的，所以無法與他們真誠溝通，結果就是讓我們以後不會想要再和他們見面。

相反地，也有正在第一線活動，沒有失去影響力的人。他們不會停留在成功的過去，而是選擇繼續挑戰。**敞開心胸接受急劇變化的時代，並不斷學習的樣子讓他們本身成為名作。如果說有不被時代浪潮淹沒的魅力，應該就是這個。**例如，從活躍於文化藝術界的他們邁出的步伐就可以看出一二。與年幼的後輩合作並委託製作專輯的趙容弼、高齡七十多歲依然參與動作片《瘋狂麥斯》拍攝的喬治．米勒（George Miller）導演、已經六十多歲仍為音樂劇《長靴妖姬》作曲並獲得大獎的歌手辛蒂．羅波（Cyndi Lauper）等，從他們身上看到老將的實力與創新相遇後超越了名作，甚至接近傳說的正面案例，反而讓人更期待年紀增長這件事。

比起因為覺得褪色很可惜就重新漆上顏色，我更想成為即使褪色還是很帥氣的大人。我知道要想成為那樣的大人，就不能停下腳步。如同不使用肌肉，就會逐漸退化甚至失去力量一樣，人生也是我越不用心，就會與我距離越遠。假設我們的生活是平衡木，為了保持平衡，即使速度較慢，也要一點一點往前走。如果完全不前進，就會失去重心而倒下或傾斜。就這樣停止成長，自己的能力也會下降。

2 有承認錯誤的勇氣

受人尊敬的人生前輩們以自己為中心，同時又非常靈活。尤其是在自己犯錯的時候，他們懂得迅速承認，然後道歉或更正。這種樣子在我心中留下深刻印象是在以前第一次獨立製作節目的時候。製作組裡除了剛開始製作節目的我以外，都是擁有至少十年以上資歷的老前輩。因為我是總管節目的角色，所以必須領導前輩工作人員並做出重要的決定。雖然很有魄力，不過因為還是個菜鳥，在前輩們眼中應該有很多不足之處。儘管如此，我們還是互相尊重各自的領域，和平進行節目的製作工作。

某天，作家帶著激動的表情來找我。他在寫文章的時候有自己的意圖，卻和與我開會時達成的協議不同。我太過驚慌失措，所以沒能好好細談，這件事就這樣不了了之。過了幾天，那位作家又來找我了。他說，仔細看過節目後，才明白我的意圖。他還鄭重向我道歉說：「原來不是完全朝另一個方向發展，我反而覺得這樣很好。很抱歉誤會了妳。」我很感謝那位作家。和我一起工作時，明明會有覺得不滿意的瞬間，可是他卻理解我的立場，主動提出來。因此，在我眼中，那位作家看起來更了不起了。如果我遇到類似的情況，也會優先為後輩考慮。

隨著年紀越大，越難產生承認自己有可能錯了，並且主動接近的勇氣。因為經驗的累積，比起錯的事情，我說對的事更多，因此在不是工作的領域也會養成那樣的習慣。如果認為自己是對的並合理化，想法就會逐漸失去平衡。最後，我只會看自己想看的、聽自己想聽的東西。

要想成為思想靈活、有魅力的大人，保持懂得承認的心態很重要。因為從承認開始，就有學習的動機，不管是什麼都可以成為持續的力量。**在承認自己是不足的人時，必須維持想法的均衡，以防過度貶低自己。歲月的流逝不是人生的包袱，而是豐富名為魅力的文憑的方法。**

♥好感筆記♥

就算時代改變，也不會顯得俗氣的人們具備的特徵

- 不盲目追隨潮流。
- 擁有接受變化，不斷學習的態度。
- 不用負面的視線看待與我想法不同的人。
- 越成熟的稻穗，頭垂得越低。擁有承認錯誤的謙虛。
- 善意地愛管閒事，積極幫助需要幫助的人。
- 不論外界的競爭如何激烈，都要管理自己的內心。
- 勤於自我反省而十分了解自己。

Hirenze Choinel
年紀越大越有魅力的人身上擁有的共同點。

第三章

找到自己人

因為人是社會性的存在，
自然想要獲得他人的好感，
得到關心。

在我們人生中的無數人際關係中，
如果領悟到區分好感和反感的關鍵，
就可以維持健康的人際關係。

刷存在感和魅力的相互關係

「我沒有喜歡刷存在感啊……」

我以為自己不是個需要某人的視線並熱愛刷存在感的人。身為廣播節目製作人，我為他人呈現了他們閃耀的樣貌，所以比起自己，我理所當然更注意他人，並相信有人天生就是要站在大眾前面。自己畫下界線後，我便覺得放心許多。只要煩惱指定好的事即可，不必想其他的事。然而，隨著時代演變，媒體產業也出現轉變。為了提高競爭力，我被放進需要一人分飾多角的情境，最終還是勉為其難站在眾人面前。

幸好，因為是廣播，我不用露面，可是一開始就遇到困難。在剪輯的時候，我客觀地聽了自己的聲音，這真是一件苦差事。製作節目的時候，我對聲音的要求越來越高，但是我自己的聲音卻沒有達到標準，這讓我感到很羞愧。在需要直播的日子，我總是因為在節目中說話結巴，或是說出平凡的台詞而產生罪惡感。雖然還有很多不足之處，但是我想要製作出不會羞於見人的節目，於是開始刻苦練習。我會留在空無一人的錄音室，花好幾個小時閱讀講稿，甚至試著模仿其他的廣播主持人。就這樣過了一年。每天累積的力量很可怕。每天努力練習並運用到實戰中，說話這件事對我來說越來越自在。

不知不覺，我對主持工作產生了感情，也對面對大眾的事產生了興趣，並改變了想法。原來我也喜歡刷存在感啊！本來以為主持並不適合我，然而事實並非如此。尤其，在說話的領域，雖然也有天生就擅長的人，不過我覺得也有可能存在像我這種平凡的人。雖然要做到讓別人和自己滿意，需要一些時間和努力，但是這並不是只要求天生才華的領域。

於是我有了自信，想要測試一下自己的能力。我想知道，即使脫離固定聽眾較多的廣播電臺，人們是否還是會喜歡我的主持風格。於是，我選擇了經營播客頻道。那是我第一次用「Hirenze Choi」的暱稱宣傳自己。隨著時間過去，出現了對「Hirenze Choi」想要傳達的資訊產生共鳴的人，後來又增加到幾千人，每週都會收聽我的節目。另外，這段播客的經歷成為我日後將領域擴大到自媒體的跳板。

現在的我被稱為「創作者」或「網紅」。「網紅」顧名思義就是在網路上有影響力的人，透過自己的媒體影響不特定的多數人。雖然職業生涯似乎就這樣順利發展，但是人類的煩惱是無止境的。現在我有了新的頭銜，又冒出了其他的苦惱。這就是其他網紅和我的立場差異。原本以為自己喜歡刷存在感，不過在真正需要強大刷存在感能力的領域，我卻沒能做到這一點。因為這是身價會隨著受矚目的程度而漲跌的行業，所以公開自己並經常露面固然是個好方法，然而從這方面來看，我確實不喜歡刷存在感。我對於在社交平台上展示自己並介紹日常生活這件事不感興趣。甚至，人們關注「我」這個人，對我來說也有點負擔。

然後，我明白了。我的確是喜歡刷存在感。對我來說，比起關心我這個人的形象，人們對我想傳達的內容按讚並產生共鳴更有意義。在主持廣播節目時，我也以聲音傳達了訊息。而且，用親自撰寫的主持稿傳達想法時，讓我覺得更幸福。比起電視，我更喜歡廣播；與照片相比，更偏好用文字表達。不是影像型的，而是聲音、文字型的存在感。

明白自己是什麼類型後，我的心裡感覺好多了。即使不與他人比較，也看到了我要走的路。毋需羨慕從未經歷過的他人生活，也不用執著於眼前看到的成果，所以不用對某人發揮無謂的嫉妒心，也可以摸索出讓自己長久走下去的方法。

我覺得每個人都有喜歡刷存在感的基因。因為人是會互相交流的社會性存在，所以我們會想要得到他人的好感，渴望得到關心。如果找出自己身上存在何種刷存在感基因的方向，就可以打開之前不知道的新世界。新的世界可以在職場、人際關係、性格等任何一個角落展開。如果領悟到蘊藏在其中的內心，就立刻試著運用吧！雖然制定了每天運動的目標，不過萬一每次都失敗，可以試著在社群平台上公開。只要有人做出反應並給予回饋，就能成為力量。因為他人做出正面的期待時，就會讓我們萌生想把事情做好的想法。雖然太過誇張會造成問題，不過**只要適當利用喜歡刷存在感的欲望，就能成為前進的原動力。**

「經營頻道時，不曾感覺到困難嗎？」

我從某位在不同領域工作的名人口中聽到了這樣的一句話。這是溫柔的管閒事。經歷過出名這把雙刃劍的人，都會有類似的苦惱。自己的名字家喻戶曉雖然有利，卻也有可能會成為毒藥的瞬間，必須隨時隨地提高警覺。更何況，越是傳達正確、正面的訊息，需要注意的事情就越多，所以這是混雜了擔心我可能會感到疲累的憂慮和共鳴，而說出口的話。

雖然有困難的瞬間，但是這樣反而更好。YouTube 裡的「Hirenze Choi」是我想成為的善良正直之人。如果將這個形象極大化，便可打造出得以獲得好感的角色。最重要的是，作為告訴頻道觀眾們如何交流的人，我不想成為對不認識我的某個人，或是在別人不看到的瞬間，進行錯誤溝通的人。如果像這樣不辜負人們的期待，並發展自己，就會有助於讓自己過上堂堂正正的生活，所以即使辛苦也會覺得很高興。

如果不知道自己屬於哪一種存在感領域，就問問自己吧！**想被人們認可的領域是什麼？聽到什麼話的時候心情最好？想成長為什麼樣的大人？**思考這幾個問題，你將會找到自己吸引他人的魅力。

和想要混熟的人親近的方法

如果想親近他人，就要靠近對方。之所以提出這麼理所當然的道理，是因為大部分的人不知道該如何正確接近。稍有不慎，不但無法親近他人，反而會讓對方覺得有負擔而漸行漸遠。這就是人際關係。我一直對這個部分相當苦惱。如果突然聯絡，對方會不會感到負擔？是不是只有我單方面裝熟，其實對方還沒有準備好？然而，隨著我積極主動的接近，轉變成緣分的經驗越來越多，我也領悟到人們不會因為他人靠近自己而感到負擔。以下五個方法又被稱作「5F法則」，幫助我延續人與人之間的緣分。如果想要聰明地建立人際關係，請務必仔細閱讀。

1 Face：決定第一印象的表情

根據大腦科學家保羅．沃倫（Paul Whalen）的研究，我們大腦的杏仁核在短短不到零點一秒的時間內，就會發出評價對方的信號。短則零點一秒，長則在幾分鐘內，就能決定一個人的好感度。據說，為了推翻這種第一印象，需要數百倍的資訊。因此，最好從一開始就營造出正面的氛圍。

關於第一印象，有兩點很重要。那就是表情和說話時運用的肌肉。在製作影音內容的過程中，我身上出現的變化之一就是表情。在剪輯影片的過程中，我開始可以察覺到自己不自覺露出的消極表情，並開始將尷尬的表情變得開朗。像這樣有意識地努力，我在別人眼中的印象變得越來越開朗，也有自信可以製作不需剪輯的內容或面對面進行實體課程。

其實，這是我在菜鳥製作人時期，從一起工作過的主持人身上學到的。每次節目結束後，他都會帶走當天錄影的檔案進行確認。就這樣每天看了幾個月後，我親身感受到他的主持能力大幅提升。相反地，我也看過某些主持人完全不看自己主持的節目。這兩種人的差異很大。不回頭看錄影內容的主持人儘管擁有自己的獨特優點，卻漸漸失去聽眾們的熱情呼應。但是，會利用看錄影內容努力精進自己的主持人，不僅會長期被聽眾們喜愛，更因此度過多年主持生涯。

參與電視節目演出的電視人隨著時間過去，之所以能擁有令人有好感的外貌也與此不無關係。「鏡頭按摩」並不侷限於整形手術或妝髮造型。他們會時常留意自己的樣子，注重外在的造型和面部表情、行動。與人見面時，好感會在零點一秒內形成。因此，如果在平時練習開朗的表情，在遇到想親近的人時，就可以會給對方留下好印象。

2 Feeling：肯定的話

遇到想要親近的人時，你是否曾因為擔心自己說的話會讓人覺得奉承或不真誠，反而用否定的語氣說話嗎？如果有，讓我們來看看下面這項的實驗吧！在美國的大衛・德拉克曼（David Drachman）教授研究小組進行的實驗中，他們用三種方式對參加者說話，並觀察他們在聽到什麼話的時候反應最佳。第一組只說肯定的話、第二組只說否定的話，而第三組混合了肯定和否定的話。結果發現，只聽到肯定話語的第一組最高興。甚至，就算知道對方是為了得到什麼而拍馬屁，也會產生好感。

當我遇到想要親近的人時，也會注意用字遣詞與態度。就算是同樣的一句話，也要用正面的表達方式；即使對話中出現消極的主題，結尾也必須盡可能展現積極的態度。尤其，在進行採訪的過程中，更是親身感受到這一點。如果在正面的氣氛中，面帶笑容進行對話，不只是那股氣氛會原封不動融入到節目中，演出者對我的節目或我本人也會留下美好的記憶。日後如果為了個人的請求而突然聯繫對方時，也會和我擔憂的不同，對方大部分都會欣然答應。看到這點，我再次感受到。**正向積極的話語不但是獲得好感的高速公路，也是外掛**。

越是初期的關係，越是要盡量不提及負面的話題。因為很少有人會想要和剛認識不久就只討論負面話題的人往來。負面的話題等到雙方變得足夠親近後再說也不遲。如果覺得直接稱讚有些彆扭或難為情，就用正面的主題去交流吧！如同美食和晴朗的天氣一樣，我們身邊有很多值得肯定的事物。

3 Find：尋找相似性

人會對與自己相似的人有好感。不只是價值觀、關心的事物、行動，更會被外貌與自己相似的人吸引，這類研究結果已經廣為人知。心理學家戴維•邁爾斯（David Myers）說，在踏入聚集各種人的房間時，人們會和長得與自己相似的人更靠近。因此，如果想與他人親近，就必須努力找出對方和自己的共同點，或是創造相似性。

雖然希望喜好和性格可以從一開始就相似，不過即使並非如此，也絕對能夠找到其他相似之處。為此，培養觀察力非常重要。只有仔細觀察並傾聽故事，了解對方是什麼樣的人後，才能找出和自己的相似之處。這也和共鳴有關。如果專心在對方身上，就可以讀懂細微的感情變化，因而產生共鳴，變得親近。

4 Fascinating：迷人的氣氛之力

開始擔任製作人之後，我便經歷過許多可以感受到場所帶來力量的事。在看起來還不錯的地方拍攝時，演出者們可以在比平常更加愉悅的狀態下，做出最佳表現。更不用說影片裡甚至還包含了帥氣的畫面。多虧了當時的經驗，我養成了用地圖應用程式收集迷人場所的嗜好。像餐廳、咖啡廳一樣分門別類，並且依照地區儲存不錯的場所和美食名店。這讓我感覺很踏實。

在那之後，如果出現了我想要親近的人，我會在見面之前藉助場所的力量。從事先儲存的場所中尋找適合對方的地點。這麼做也是為了我自己。就像穿上有格調的服裝時，會想要配合身上的衣著，做出相匹配的行動，如果去了一個好地方，就會想要說一些配得上那個場所的話語，或是做出與之相配的行動。在想要親近的對象面前展現出最佳的樣貌後，即便無法與對方結緣，也不會留下太強烈的後悔或留戀。

為了將空間打造得更迷人，我喜歡使用的另一種工具是燈光和音樂。在邀請他人到家裡作客或需要營造拍攝現場的氣氛時，如果使用可以散發溫暖氛圍的燈光和音樂，不用花費太多費用，也能塑造出自己喜歡的氣氛。

在製作廣播節目的過程中，我親身感受到音樂如何吸引人心；在製作影片的過程中，我知道隨著燈光，空間和停留在其中的人會有什麼樣的變化。所以，如果完全不知道對方的喜好，就試著用燈光和音樂打造溫暖的感覺吧！在放鬆的氛圍中，便能發現對方已不知不覺打開心房。

5 Favor：試著提出小小的請求

讓對方覺得自己是個不錯的人，也是一種發展關係的方法。其中之一，就是沒有負擔的小小請求。也就是用一點微不足道的小事，讓對方對我展現善意。人類出乎意料地善於接受請求，並且對讓自己付出好意的對象有好感。

在我讀國小的時候，有個朋友經常向我借書。那個朋友每天早上都會跑來我家，說要和我一起上學，並在等待我準備出門的時候，借走了他感興趣的書。因為朋友向我借了書，在把書還給我的時候，我也會順便和朋友聊天。就這樣，我們自然而然變得更親近了。不知道從什麼時候開始，借書給朋友對我來說成為一件快樂的事。看到讀書讀得很開心，露出開朗表情的朋友，我的心情也跟著變好了。一直到長大成人的現在，那個朋友在我心中依舊是一段美好的回憶。從這一點來看，向他人提出請求的效果比想像中還要大。

也有其他在知道提出拜託的效果後，積極運用的人物。這個人就是班傑明・富蘭克林（Benjamin Franklin）。他向與自己在政治上處於敵對關係的人寄出了要求出借貴重書籍的信件，將拜託的效果運用在建立友好關係上。小小的請求會成為建立人際關係的開始。

另外，也可以藉此慢慢累積好感。

事實上，我們很難欣然拜託別人。這時，我的腦海中會浮現兩個想法並鼓起勇氣。第一，人們沒有我想像中那麼討厭聽到對方提出請求。第二，如果提出了請求，就要用真心感謝並報答對方。越是想要親近的人，越應該延續緣分吧？因此，提出請求並表示感謝的過程，是可以與對方自然親近的機會。

讓人無法輕視的態度

在我的頻道，觀看次數持續上升的主題之一就是「不被小看的語氣和行動」。正如同一主題製作的影片總點閱數超過兩百萬次的結果一般，這也是很多人煩惱的問題。在我們身邊也很容易找到低估並輕視對方，以及貶低他人的人。想要防禦他們，就需要名為語言與態度的盔甲。我之所以能夠製作這樣的內容並研究說話的方法，是因為比任何人都需要防禦網的人就是我。理解和體貼他人的努力對某些人來說，會被解釋成好欺負，所以需要擁有保護自己免於受到那些一看到弱點，就撲上來的捕食者侵害的智慧。以下將介紹一些我曾經在人際關係中，為了保護自己而煩惱並適用過的四種方法。

1 擁有實力

如果時常因為開朗的印象和性格，反而得到好欺負的評價，那麼只要在自己的領域裡具備實力就可以了。和預期的不同，如果對方知道我有出色的實力，就無法輕易反駁，只能安靜地閉上嘴。這是個就算不用一百八十度改變自己，也能夠在這個世界上好好活下去的方法。

2 直接反問

聽到無禮的話時，有個簡單且確實的應對方法。就是反問對方那句話是什麼意思。換句話說，在聽到踩到自己底線的問題時，將回答的義務丟還給對方，讓對方可以自己領悟。另外，如果我已經表達了自己感到不快，對方想要以「這只是在玩笑」的說法平息時，用「那個不怎麼好笑」委婉地回擊也有幫助。

3 設定好人的標準

如果遇到嚴格自我反省和自我檢視的人，要警惕這種類型。因為他們會以「我還有很多要教你的東西。這都是因為你不知道」來貶低其他人。從某個瞬間開始，就連我沒做錯的事，也有可能變成是我的錯。此時需要的就是培養看人的眼光。如果沒有自己標準，很容易被他人影響，或是被比自己更差的人說的話左右而開始自我審查。多和各種類型的人見面，區分出自己心目中的好人和危險的人吧！

4 遵守自己說出口的話

雖然也會遇到無緣無故討厭我的人，但是在那之前，讓我們回頭看一下自己的樣子吧！如果彌補自己性格上萬一存在的不足之處，更加不可能在別人眼中顯得好欺負。對於自己說出口的話比起實踐，是不是更常只是嘴上說說而已？例如，違背與對方的約定，或者嘴巴上說要做，卻從未真正遵守過等等。只要遵守與他人之間的約定，就會成為一個值得信賴、成熟的人。

雖然就這樣穿上了盔甲，卻有一個問題。那就是工作時，在必須競爭的情況下，只能被捕食者打壓。因為捕食者很單純，所以戰勝捕食者的可能性很高。捕食者會優先考慮本能和利益，而不去考慮他人的情況和情感，這成為他們會不擇手段撲上去的執行力。在考慮他人的情況並配合脈絡工作的時候，捕食者會先撲過來。再加上，如果有很多捕食者，那麼職場變戰場只是時間問題。

想要在與捕食者的戰爭中生存下來，好好活在這個世界上該怎麼做呢？我看過好幾個為了對抗怪物，自己也變成怪物的人。明明以前不是那種人，但是面對像暴君一樣的上司，自己的優點也慢慢消失而失去自我，最後和自己討厭的上司越來越像。因為在一起的時間很長，而漸漸被同化。我擔心自己也會變成那樣，於是思考該如何在不失去自己的同時，還可以明智應對的方法。

我在水牛身上找到了答案。水牛雖然是草食動物，但是捕食者也不敢隨便碰牠們。水牛奔跑時的速度可達時速五十五公里，力量也非常強大，而且喜歡成群結隊行動。團體行動的水牛可以輕易制服猛獸。即便不會攻擊與自己同種的動物，也不是捕食者，但是只要一起合作就能獲勝。看著水牛的樣子，我覺得**需要聯合懂得優先想到關懷並理解他人的人，以及能夠認同情況並用心的人。**之所以被別人覺得好欺負，是因為用心對他人產生共鳴的能力發揮很強大的影響，所以我認為更應該團結起來。

成由美（音譯）身心科專科醫師在其著作《一直把你當成朋友》（이제껏 너를 친구라고 생각했는데）中提出了「五人法則」。亦即，只要有五個人願意關心並施捨他人，就會開始出現變化，而不再是自私和剝削的關係。這個「五人法則」讓我振作了起來。儘管在擁有強大反派的公司裡，也有可以改變氣氛的五個人。他們擁有懂得思考並理解他人立場的心。為了不讓後輩們步上後塵，而想要和他們一起創造公司內部文化時，讓我有了撐過艱難的職場生活的力量。雖然世界不會輕易改變，就結果看來，公司也沒有變化，不過至少可以改變身邊的氛圍，讓自己不會陷入無力感。

如果你曾在說話前，為了考慮對方的立場而猶豫，或是因為某人的喜事而一起感到高興，又或者曾經站在被不公平對待的立場上，我想告訴你——你是一個具備優秀的共鳴能力，很有魅力的人。試想，我們是不是對與自己心靈相通，或是感覺和自己產生共鳴的人有好感呢？在忙於各自生活的同時，還擁有懂得和我一起哭、一起笑的心並不容易，所以才會覺得更加珍貴。只要有五個擁有傑出共鳴能力的人聚在一起，便能減少負面影響。就像在入口網站的新聞或某人的 YouTube 頻道留言，淨化氣氛那樣。

據說，靈長類或鯨魚等智力較高的社會性動物擁有能夠掌握對方情感的共鳴能力。另外，也有研究結果指出，魚類也有共鳴的能力。葡萄牙古爾本基安科學研究所（Instituto Gulbenkian de Ciência）的行動生物學家與國際研究組透過《科學》（*Science*）雜誌表示，一種名為「斑馬魚」的觀賞用魚類擁有和同伴一起感受恐懼並產生共鳴的能力。也就是說，魚類也是不僅可以感受到疼痛，還能夠投入情感，並提供幫助的感情動物。當我們遇到輕視他人，甚至連努力想要與他人產生共鳴都做不到的人時，如果想要讓自己變得堅強，請記住這一點：那些不考慮別人的立場，或是經常作威作福的人擁有的智力，難道不是比魚還差嗎？更準確來說，他們是比斑馬魚還缺乏共鳴能力的人。

不要因為聽到別人說自己好欺負，就覺得自己有錯。不是好欺負，而是擁有名為共鳴能力的魅力。在閱讀這篇文章時，可能會有些讀者覺得自己的共鳴能力不高。不過，不用擔心。根據《共鳴是智能》（*The War for Kindness*）的作者，史丹佛大學心理學教授賈米爾．

薩奇（Jamil Zaki）的看法，共鳴可以透過練習和學習實現。此外，他還提議可以用容易培養共鳴能力的方法閱讀。尤其，閱讀小說或隨筆等文學作品，可以誘導產生共鳴。跟隨過著和自己不同生活的主角們的視線，感情經驗在不知不覺間擴張，因此閱讀在各方面都是相當適合的方法。最重要的是，各位現在不是正在閱讀說明共鳴能力這項吸引人的魅力的這本書嗎？即使認為共鳴能力下降，也可以透過書本中的間接經驗，培養共鳴肌肉並發現隱藏的魅力。

Hirenze Choinel

隱約容易被人占便宜、被人小看的人身上的特徵。

♥好感筆記♥

不讓別人小看自己的應對方法

●具備自己擅長領域的實力

實力是最好的應對方法。如果平常就不斷累積實力，小看我的人也無法反駁，只能變得安靜。

●直接反問

如果聽到讓自己不愉快的言詞，就反問「那是什麼意思？」讓對方自己認知到自己很無禮。也就是讓對方承擔踩到底線的責任。如果對方想用開玩笑來平息，那就斬釘截鐵地回應說：「我覺得不怎麼有趣。」

●建立良好緣分的標準

與各種類型的人見面，在心中建立對自己來說，什麼是好人的標準。尤其，自我審查越嚴重的人，越要分清楚對自己好的人和危險的人。這將有助於減少自己受人擺布的機會。

應付反感的練習

人本來就是孤獨的存在。如同在馬拉松般的人生中，雖然會遇到一起奔跑的人，可是為了跑完全程而起身，是每個人自己的責任。奔跑在無邊無際的道路時，偶爾會感到迷茫和孤獨。為了隱藏或克服孤獨，有時會做出自己原本不會做的行動，也會說出沒有必要說的話。這種時候，我都會哼唱金木仁（音譯）的歌曲《都是因為孤獨》。一想到用平淡的語調唱著「都是因為孤獨」這句歌詞的親切聲音，我都會不由自主露出微笑。心裡想著：「原來你也很孤獨啊……」並且想要理解對方。每天在公司面對大魔王，經歷水深火熱的時期，我經常聽歌，並從中得到安慰。

在我工作的廣播電臺裡，有很多個性鮮明、主張強烈的人。由此可見，很多人覺得人際關係的難度非常高。由於是為了工作才見面，不能因為跟自己不合，就不分青紅皂白避開。然而，不是有人說過：笑到最後的，才是贏家嗎？因為不想要跟那些個性鮮明、主張強烈的人一樣感情用事，所以我培養了情報能力。每當遇到有人做出無法理解的行動時，為了了解他的行為或傾向背後的原因，我開始在書籍中尋找答案。過程中，我尖銳敏感的心不知道為什麼逐漸融化了。在接觸過從人文、社會、科學等多方面反映的人類本性後，比起怨恨和厭惡，反而對對方產生了憐憫之心。越想了解讓我為難的人，以及他的防禦機制或本性，越能敞開自己的心。成為「頭腦冷靜，內心火熱」的人，並減少了不必要的情感消耗。

要不要試著把「為什麼那樣」的想法換成「所以才會那樣」呢？雖然是為了理解對方，最終也是為了自己。在我製作的描述消極之人特徵的影片下方，不難找到「我應該先審視一下自己是不是這種人」的留言。這是將為了理解他人而獲得的資訊，也應用在自己身上。我自己也一樣。因為想要好好面對一個人而讀書之後，最先做的事便是自我反省。

精神分析學之父弗洛伊德（Sigmund Freud）將人類的自我分為本我（id）、自我（ego）、超我（super-ego）。本我是本能的領域；自我是有意識的主體。而超我則是理想的自我，也是無意識的主體，以道德、良心壓制本能和自我。自我的三個概念讓我領悟到自己的特性。習慣性審視並逼迫自己的是超我努力運作的結果。站在客觀的角度認知這點後，我開始能夠理解曾經讓我感到鬱悶的模範生自我。心裡想著「超我在努力工作啊！」就這樣度過難關。如此一來，原本是為了理解對方而開始的學習，反而對我自己有幫助。

「在作家的心中，有沒有身為廣播製作人應該具備的品德呢？」

我參加過曾參與《星光閃耀的夜晚》、《兩點的約會》、《幽靈國家》等傳說廣播節目製作的具滋亨（音譯）作家的講座。對於我的提問，作家給了一個答案，讓我得以塑造並培養出現在的我。

「製作人的人品會原封不動融入到節目中。希望妳可以做個好人。」

根據製作人抱持什麼樣的想法和心情製作內容，節目的調性和風度也會不一樣。也就是說，相似的人聚集在一起，就可以成為一檔好的節目。從那個時候開始，我重新振作起來。無論在什麼地方，只要以溫暖的心製作內容，並用理解和包容代替憎惡的話語，就可以集結感受到魅力並產生共鳴的人。當時用學習的視角製作影片時，令我驚訝的是發現了頻率相符的回覆。不是討厭、復仇、攻擊，而是以理解和防禦、接納自我為基礎的影片下方出現有共鳴留言時，就不會感到孤獨。**「先做個好人」這句話成為我的人生金句，至今依舊可以打動我**。每當遇到感到厭惡的人時，我都會想起作家的話，讓自己做個好人。就這樣成為一個好人後，在了解自己的同時，也試著理解他人。

減少人際關係壓力的習慣

人是最難懂的生物。本來以為成為大人之後，對人際關係的煩惱會自然而然消失，事實上卻沒有，而是不斷持續著。只是在形態上發生了一些變化，煩惱重新進化，讓身心都沉重了起來。因為不順心的關係而感覺辛苦的時候，箭就會先射向自己。回頭審視一下自己有沒有做錯什麼、是否有哪裡不足。如果可以找到答案固然是件好事，然而找不到適合的答案時，指向自己的箭就會轉向對方。在有明顯失誤時，可以一起面對解決，然而如果只有自己一個人累積誤會，從那個時候開始，關係就會出現裂痕。這段時間累積的信任就會消失，被負面的情緒支配。

在經歷了幾次人際關係的曲折後，我認為要想長久維持良好的關係，首先應該要檢查自己的心態。因為只有避免引起不必要的誤會，自己才能少受一點委屈，至少可以避免這段關係因為我而破裂。為了減輕人際關係的壓力，我努力養成以下三個習慣。

1 人際關係如同栽種植物

我曾經有過一段經常對圍繞在我身邊的人際關係感到遺憾的時期。好像經常和除了我之外的其他朋友見面的朋友、時常在社群平臺上幫別人點讚，對我上傳的內容卻只是偶爾點讚的人、只有自己需要的時候才會跟我聯絡的人等，雖然是微不足道的事，不過一旦認知到，就不得不在意。

有一天，我突然看到了放在客廳角落的花盆。「這棵樹長得特別很好耶？」一直以來，我就不擅長栽種植物，被我照顧過的植物都活不久。然而，角落裡的一棵小橡膠樹多年來一直生長得很好。我不禁思考，它和其他植物有什麼區別，為何只有那棵樹長得很好？理由就是適當的關心和漠不關心。想好好栽種而經常照看、澆水的旅人蕉，結果沒有想像中活得那麼久。接著是即使不常澆水也能好好活著的石筆虎尾蘭，卻因此而忘記了它也需要澆水，結果在某個瞬間乾枯了。

人際關係也和栽種植物一樣。水澆得太多會讓植物因為根部腐爛而死，但是漠不關心

也會讓植物枯死。應該要給予適當的關心，並根據各自的特性賦予光和愛。但是，我卻一個人太過超前，隨心所欲澆水，卻又因為看到植物無法成長茁壯而感到失望。從那個時候開始，我對人際關係的焦慮就減少了。如果已經給予適當的水分、陽光和愛，接下來就交給植物吧！我終於學會避免與對方的不必要聯絡，或是放下不安的心情。清空過去的想法後，從某個瞬間開始，我可以自然地與人聯繫，並且在對話的過程中，我明白之前的遺憾大部分都是源自自己的誤會。

2 不要責怪他人，而應該責怪狀況

心胸寬廣的人不會受別人擺布，就算在消極的情況下也不會失去平常心。反之，如果內心的從容消失，就會感到不安。因為少了從容，思考的時候便會很著急。此時，就容易做出與事實不符的判斷。因為根據自己過去的經歷和現在身處的環境，有時會歪曲事實。

「應該發生了什麼事吧？」

為了寬闊的心靈，比起怪罪他人，我想要先怪罪環境。例如，去某家店時，就算店員的態度不親切，只要先想到「可能太忙了吧？」就可以忽略一些不便的心情。如果服務上有問題，但是我沒有受到損失時，首先歸咎於環境，就不會被傳染負面情緒。

心理學將其稱為「歸因理論」（Attribution Theory）。其中，將問題轉移到不是對方而是情況的行為，被稱作「情境歸因」（Situational Attribution）。相反地，從對方身上及其性格缺陷中尋找原因，則稱為「性格歸因」（Dispositional Attribution）。例如，遇到不親切的服務人員時，就會對人性或服務精神提出質疑。如果判斷是氣質上的原因，問題就會被歸咎於對方本身，所以如果對我的判斷產生誤會，感情上的裂痕可能會加深。從情境歸因來看，當情況好轉時，與對方的關係可以再次變得正面，也可以視為持續維持關係的善意。

也有研究結果表示，如果不怪罪對方而是情況，會對關係產生好的影響。法蘭克・平查姆（Frank Pincham）和湯姆・布萊德利（Thomas Bradley）長時間研究一百三十對新婚夫婦。他們發現，在出現問題時，經常責怪對方的夫婦生活會越來越不幸。反之，責怪情況的夫婦，婚姻生活將越來越好。這不僅侷限於夫妻，也適用在所有人身上。在自身難保的世界裡，理解對方的努力可以減少誤會並維持關係。

3 領悟感情狀態

肉體支配著精神。如果身體疲累、不健康，思想也很容易產生負面影響。因此，在感覺自己狀態低下的時候，盡可能試著在腦海中踩剎車。如果會無緣無故生氣，或是平常可以一笑置之的細微動作，現在卻因此對對方感到不滿，此時檢查一下自己的狀態吧！是因為沒睡好覺、肚子餓，還是荷爾蒙週期的問題呢？大部分的人都會是這三個理由。

不只要確認身體的狀態，還要確認感情狀態。從今天早上一起床，就檢視一下自己的情感大致如何。會不會起伏很大？有沒有感到無力？是不是因為工作而感到疲累？只要確認自己的內心，就可以客觀判斷問題的起因在誰身上。

心理學中的「情意的捷徑」（Affect Heuristic）是指利用情緒對他人進行評價的過程。在心情不好的情況下，如果對方犯了一個小錯誤，就會讓我們往更負面的方向思考。因此，我們應該要退一步，努力站在客觀的角度認知自己的心情並找回平常心。如果原因不在對方身上而是自己的狀態，那麼負面情緒的影響會小一些。如果無法擺脫與平常不同的不便情緒，那就試著從自己的狀態中尋找問題吧！

人際關係是從我的內心出發。就像對方對我做錯事的時候那樣，我也會對某人犯下錯誤。比起先譴責對方，更重要的是先了解讓關係破裂的狀況。當我們可以了解自己並理解對方的時候，雙方的關係也會變得不那麼針鋒相對。

Hirenze Choinel

在人際關係上遇到困難時，讓自己不感到壓力的四個祕訣。

♥好感筆記♥

減少人際關係壓力的三個習慣

●當成在照顧植物一樣

幫植物澆太多水時，會導致植物因營養過剩而死亡；澆得少的時候，又會讓植物乾枯。人際關係也是一樣。適當的關心，並根據各自的個性賦予愛。只有互相的情感速度相符，關係才能圓滑。

●責怪情況，而不是人

問題不是那個人的老毛病，可能是情況導致了誤會。如果有人對我做了錯誤的行為，與其立即責怪對方，不如先責怪情況。這樣也對維持關係順暢有幫助。

●掌握感情狀態

因為肉體支配精神，所以我們不只是要關心自己的身體，還要注意心靈的狀態。今天一整天我的情緒如何、是否感到無力、感覺快不快樂等，只要退一步觀察自己，就能知道問題的原因。

締結深厚姻緣的祕訣

廣板（Largo）在樂譜上指的是演奏得「非常緩慢」之意。在像是四四拍、四三拍等一定規則下移動的音符，如果加上這種指示性的語言，就會出現例外。按照原本的計畫，應該以四拍結束，然而既然加上了廣板，就應該演奏得更慢、更長。在我初次學習鋼琴的小學生時期，我還不太能夠理解這句話。雖然知道要彈得慢，卻很難表現出後面附加的感覺。廣板除了非常慢之外，還有廣泛、悠閒演奏的意思。當時的我沒有正確認識到彈奏速度非常慢的感覺，和「寬廣、悠閒」的感覺之先有什麼差異。

直到長大後，我才領悟到其中的意義。慢動作本身就能找到答案。如果言行緩慢，就會展現廣泛而從容的態度。隨著年齡的增長，這種緩慢的態度尤其重要。一般來說，如果年紀越大，當自己的世界變得堅定的同時，也很容易變得固執，但是行動越慢，比起固執，可能會展現遊刃有餘的面貌。所以，讓我們擁有慢一拍的從容吧！人生的節奏在不知不覺中加快的時候，試著想想廣板的真義吧！

1 情緒的緩慢帶來的結果：理解

如果放緩速度慢慢行動，就會看到他人被隱藏在烈火般情緒後的難處，進而產生同理心。我真正感受到這一點，是在某棟建築物的停車場結算停車費的時候。排在我前面的人霸占著結算的機器許久，讓我不知不覺變得有些鬱悶，因為下一個行程時間越來越緊迫。後來，我把自己的視線從忙著和他人聯絡的手機上移開，並看向他們。看著看著，他們的身影莫名和我父母的樣子重疊。我好像看到他們在操作機器時遇到困難，為此手足無措的爸媽站在那裡。瞬間湧上心頭的情緒平靜了下來。我小心翼翼地走上前並幫助他們，讓我們雙方都得以順利完成結算。如果當時我一直看手機，等待的時間會更長。稍作停頓並後退一步，反而對雙方都有好處。**越是突然浮現負面情緒的時候，越需要緩慢的態度。**

2 行動的緩慢帶來的結果：體貼

我有一個辨認懂得體貼之人的獨門方法。那就是當你表明不想談論這個話題時，體貼的人再也不會繼續追問。換句話說，比起自己的好奇心，他們更重視要體貼不想談論此一話題的人。其實，我覺得不去追問很不容易。一旦感到好奇，直到知道答案為止都會覺得鬱悶。但是，在我學習如何與人交流，並製作關於說話的內容時，我了解到**無言的體貼反而是維持關係的力量**。

向對方展現體貼時，對話反而經常出現新的走向。隨著心情變得平靜，感覺到自己被體貼的對方也會主動分享其他我們沒有詢問的故事。與其讓對方說出不情願說的話，不如觀察並配合對方並進行對話。如此一來，人際關係才能往正面的方向發展。這是我切身感受到，可以讓他人打開心門的是忍耐的瞬間。

3 欲望的緩慢帶來的結果：情感交流

當我的欲望和對方的發生衝突時，就是該做出廣板指示的時候了。尤其，當我們的社會地位比對方高，或是輩份越大，就越需要懂得等待。在一般情況下，我們不是經常無法對年紀比自己大的人好好說出想說的話嗎？應該停止想要以長輩的立場，指點或嘮叨的衝動慢慢傾聽，才可以理解對方先前未曾了解過的真心。

所以，我喜歡在提出尖銳的問題後，靜靜觀察前輩們。因為想要順應前輩們展現出不管我說什麼都做好準備聆聽的態度，以及對我感到好奇的期待，讓我既緊張又感激。

每個人都以自我為中心。關係越親密，想要在對話中打斷對方，轉而訴說自己故事的欲望，或是假裝知道的心情就越強烈。但是，誰會想要和只顧著說自己事情的人維持關係呢？讓我們壓抑欲望，阻止對話的單向通行吧！**人們只會對專心傾聽自己說話的人產生好感。試著透過對話努力站在對方的立場，會讓我們的魅力翻倍。**

廣板不只代表「非常緩慢」和「寬廣悠閒」，還有一個鮮為人知的意義。那就是「表情豐富」。這也可以解釋為，如果要想有豐富的表情，就必須緩慢而從容。被日常生活困擾而僵化的情感表情一旦變得豐富，我可以展現的魅力就更強烈。就像我們可以從表情豐富的演員身上感覺到吸引人的魅力一樣，如果可以帶著真心表現出說話的表情、行動的表情，就可以感覺到人際關係產生變化。在忙著走在自己要走的路時，為對方提供一份從容的人會讓人覺得特別。這是發展成深厚關係的祕訣。

♥好感筆記♥

建立深厚關係的魅力態度

●情緒的緩慢

有些人感情臨界點特別低，因為他們心中沒有餘裕。如果內心感到急迫，很容易產生憤怒或煩躁等負面情緒。越是著急，也越容易無法處理好手上的事。深呼吸，練習慢慢思考吧！

●試著放慢行動

比起努力做對方喜歡的事，不做對方討厭的事反而更會給人好感。不要走得太快，先觀察對方再行動吧！

●將欲望的順位往後排

尤其在對話的時候，如果只說自己想說的話，就會被當成不體貼的人。只說自己的事無法掌握主導權。拋開自己的欲望，在對話的同時傾聽對方的姿態更可以居於主導地位。

人的經歷是這樣累積的

「不要對他人太好。」

在採訪某位臨床心理專家時，對方曾經說過不要過度用心。當時，我的腦袋好像被棍子敲了一記。因為這句話聽起來就像是貫通了在人際關係中，我們為什麼會受傷的核心。以前讓我感到痛苦的人，會利用我的努力和情緒，按照自己的意願行動。儘管如此，我因為想要好好表現，還是會聽他們的話，費盡心力找出正向的一面。然而，這對他們來說，卻成為對我情緒勒索的理由。

現在的我雖然很遺憾沒能對別人更好，但是過去的我應該對別人差一點才對。因為「情緒勒索」一詞還沒有像現在這樣為大眾所知，所以儘管我被想要利用我這份善意的人包圍，也不知道自己遭受了什麼，只會責怪自己，最後讓自尊心跌入谷底。然而，多虧於此，我獲得了寶貴的能力值——「人的經歷」。透過廣播電臺和娛樂公司，我與各式各樣人的群體相識。就像在遊戲中，必須戰勝第一階段的魔王才能進入下一階段，只要持續碰撞並堅持下去，就能培養人際關係的耐打程度。現在，我對於利用對方的心，或是像能量吸血鬼一樣，拉著我一起墜入深淵的人，有最起碼的應對技巧。

暗黑的情感很容易擴散。**越是靠近對每件事都持否定且悲觀態度的人，越需要警惕。**

雖然希望可以直接忽視，但是像上司、同事、後輩等，無法避免的關係更常見。因此，我做了三種練習，讓自己可以盡到待人處事的道理，卻又不會被他人影響。自從透過練習養成習慣後，不僅可以在人際關係中保護自己，也開始相信自己可以完成某些事。因為遇過這樣的人，產生了不管遇到誰都能贏的膽量，自我效能也提高了。如果你正為了人際關係而苦惱，在責怪自己之前，先試試看這些方法吧！

1 退後一步觀察

在拍攝時，如果縮小（zoom-out）相機焦距，攝影角度就會變寬。這個時候，看不到的各種雜物將一一出現在鏡頭中，打破了原有的氣氛。亦即，讓人意識到自己來不及察覺的現實。在電影或電視劇中也會刻意利用這種技法。拉近鏡頭展現登場人物的表情，讓人投入感情後，再突然將鏡頭拉遠，揭開場所和空間的全景，讓觀眾客觀認知情境。

散發負面能量的人和慢慢拉近焦距的樣子很像。在不知不覺中，我也被那股負面情緒同化了。越是如此，越要像是拉遠焦距一樣，站在遠處客觀審視自己的情況。

當我還在職場打滾時，曾經因為被某位前輩長期情緒勒索而困擾不已。後來之所以能夠擺脫困境，也是多虧了一起事件，讓我知道要退後一步審視情況。折磨過我的他不斷針對他本人、我和他的關係，甚至還針對我這個人進行洗腦。無論進行什麼樣的對話，結論都是只有他是對的。就算站在客觀的角度上，是他做錯事，但是經過一段時間後，也會全都變成是我的錯。雖然知道不太對勁，但是當時的我正處在自尊心低落的狀態，所以連我自己也無法確定。後來，我曾經以第三者的角度，從一旁觀察他和其他與他職等相同的人對話。客觀來說，他們談論的那件事，責任在那個讓我很難過的前輩身上。然而，他始終沒有承認自己的錯誤，甚至還想在暗地裡把過錯嫁禍給對方。看著他繼續訴諸情感，並用他那前後矛盾的邏輯朝對方步步進逼的樣子，那時我才明白，問題不是出在我身上，而是欺負我的人。

哲學家巴爾塔沙．葛拉西安（Baltasar Gracián）曾說過：「**可以同情不幸，但是不要被人利用善意。**」這句話在我聽起來是這樣的：即使是意志再堅定的人，如果長時間被利用，心也會越來越冷淡。這樣一來，可以給予真正需要之人的愛就會減少。為了將能量傾注在自己珍視的人和應該賦予心意的地方，需要具備懂得保護自己的智慧。

如果現在因為被某人擺布而自信下降，導致自己一直相信的價值和信念動搖的話，就是該拉遠焦距的時候了。

2 態度要柔軟，語氣要堅定

在只有強者才能生存的弱肉強食氣氛中，有很多人即使對方只是說錯一句話，也會加倍栽贓。從那個時候開始，為了避免到處受到攻擊，我養成了先冷靜思考過後，再開口說話的習慣。接著，我思考了**要用什麼當成自己的護身語言**。**最有效的方法就是用果斷的語氣說話，但是態度要放軟**。因為說話的樣子很親切，所以也不會被挑釁。根據知名的溝通理論——「麥拉賓法則」，我們在對話中，比起對方說出口的內容，受到視覺或聽覺因素的影響更大。視覺占百分之五十五、聽覺占百分之三十八，而語言內容僅占百分之七。這就是為什麼即便是相同的資訊，只要注意表情、聲音和語調，聽起來就會更加柔和。

剛開始，我也曾用強硬的語調，發脾氣對抗對方。但是，在工作地點發脾氣，不但無法解決問題，只會讓自己更加疲憊。更何況，我們沒有理由花時間為了沒有任何感情的對方浪費精力。對於已經忙於工作的我來說，更應該將態度放軟。就這樣，我漸漸不再受他人擺布，而那些總是隨心所欲的人也從我身邊消失了。

3 把會做事的人放在身邊

因為人是立體的，人際關係必然會讓人覺得困難。人可以在某幾天是壞人，又在某幾天變成好人。**如果不知道該如何對待對方，就把自己和對方說的話調成靜音吧！這樣就可以看清楚隱藏在話語背後的樣子了。**

首先，傾聽對方的話。雖然也有人為了傾聽對方而努力，但是展現傾聽的態度本身就已經是一種體貼，並且有助於我們掌握該如何對待對方。尤其，在和給人負面感覺的對象進行對話時，傾聽也非常重要。仔細聽對方說的話，就可以在防禦自己的同時，也能一併掌握對方的提示。反之，如果過度談論自己，就會給對方一個可以隨意判斷自己的機會，所以最好謹言慎行。

我是從一位奇怪的上司身上學到這一點。他總是讓我去做一些與我想要的專案相反的工作。在對話中，包括業務的好壞等，上司非常清楚我會想要什麼樣的案子，所以他可以一直指示我去處理與我的期望相反的工作。本來以為是巧合，然而自從知道上司是故意的之後，在和某人見面時，直到彼此成為互相都覺得自在的關係之前，我很少多說什麼。

接下來，要觀察對方的行動。看對方是言出必行，還是光說不練的人。在被很多人左右的時期，我之所以能夠斬斷不必要的情感，也是多虧看到他們如何行動。從嘴巴上說很疼惜我，卻把所有的雜務推卸給我，甚至在真正需要的時候，吝於給予幫助的人；到只會在社群平台上炫耀我是他們珍貴的朋友，可是每次約會都會理所當然遲到一個小時以上的朋友。我因為遇到這類多災多難的人際關係，得到很重要的教訓。

不要因為那些讓自己痛苦的人而感到辛苦。別太浪費心思在這上面。在被尖刺刺傷之前好好保護自己，才是讓圍繞在身邊的人際關係健康發展的方法。

♥好感筆記♥

健康累積人際經驗的方法

● 不用對每個人都那麼親切。

● 和用悲觀的目光看待每件事的人保持一定距離。

● 在一段關係中，如果自己的自尊心正在下降，退一步觀察情況，就能知道原因何在。

● 態度溫和，說話堅決。

● 檢視自己是否向某人釋放了負面能量。

● 如果不清楚對方對我來說是不是壞人，那麼藏在他話語背後的行動就是答案。

● 比起說出口的話，做出的行動才算是真心。思考以下自己是否也是只會對他人開空頭支票，或者對方是否對我總是光說不練。

不要變成反派

「你不是反派嗎？」

媽媽對著弟弟開玩笑說道，因為他最近因為公司裡沒有反派，而感到很自在。根據上班族熟悉的「瘋子質量守恆定律」，職場內總是存在瘋子。如果一個瘋子消失，就會再出現另一個。若感覺公司裡沒有反派，那麼我可能就是那個反派。這種說法不禁讓人失笑，另一方面又讓人覺得苦澀。所有同事都像天使般善良的職場只存在於幻想中。再加上，根據各自所身處的立場或時間點，職場上的英雄和反派時常互換身分，所以整間公司都是好人的情況很少。

電影《復仇者聯盟》中出現的終極反派——薩諾斯（Thanos）犯下了隨機屠殺一半人

類的惡行。站在人類的立場，他是最邪惡的角色。然而，如果換個立場去看，又會如何呢？至少在地球的觀點上會不一樣。對於苦於氣候危機所造成環境問題的地球而言，最大的反派不是薩諾斯，而是人類。

接著讓我們改變時間點吧！現在讓我感到痛苦的人，在時空改變後，可能是值得我感謝的存在。電影《進擊的鼓手》的佛烈契（Terence Fletcher）教授也是如此。在電影中，他總是惡言相向，以暴力手段逼迫學生，是一位最差勁的老師。不過，把時間轉移到未來會怎麼樣呢？假設學生將來成為最棒的鼓手，可能會將佛烈契當成恩人。

對某人來說，我也有可能是壞人或覺得反感的人。再加上，在關乎生計的職場上，如果成為反派角色，就會是問題。因此，我們需要社會生活的最低標準。在絕對之善和絕對之惡界線模糊的職場工作，很容易失去人際關係的重心，因此即使改變立場，為了不對造成他人損失，也需要建立言行的標準。

1 不責怪他人或歸功於自己

社會生活裡產生的大部分矛盾，都是源於「怪罪別人」和「歸功於自己」。身處提供勞動力並獲得報酬的利益集團，人們對自己的利益很敏感。因此，如果成功就想要歸功於自己；萬一不順利便會怪罪別人的想法，只會成為挑起矛盾的原因。如果是這種態度，對方就會認為自己的功勞和成果受到威脅，因而採取防禦姿態。讓我們回頭審視一下自己是不是曾經說過這種話，或是做過這樣的行動。一個不注意，我們便會不知不覺被視為反派。

有人可能會反問：「只會怪罪他人的人會引起反感，不是可想而知的嗎？」然而，我們很容易怪罪他人或歸功於自己。這是因為每個人都有以自我為中心的傾向。自我中心的傾向是以自己為中心，對他人或眼前的對象、現象賦予解釋並進行判斷的認知性錯誤。簡單來說，就是有往對自己有利的方向解釋的習慣。

儘管擁有任何人都天生具備的自我中心傾向，**只要是懂得管理自己的人，也會懷疑自己並將狀況客觀化**。因此，不破壞關係，也不刻意樹敵的成熟魅力會非常明顯。反之，反派則是不懂何謂客觀性。

在我過去服務的公司裡，有個讓後輩們都咬牙切齒的前輩。只要與那位前輩一起工作，所有的成果最後都會被他奪走。那位前輩正是掠奪型的反派。此類型的人會將對話引導至對自己有利的方向。偷偷把別人的想法當成自己的說出來，或是先認可對方的想法，但是隨著時間過去，漸漸認為那是自己提出的想法。和那位前輩一起工作過的人都因為自己的功勞無法獲得認可而失去熱情。那位前輩逐漸成為大家避免合作的對象。萬一運氣不好，需要和他一起工作時，大家都會忙著保留和工作相關的文件或郵件以證明自己工作的實績。

相反地，有一位我想要效仿的前輩比起出色的實力，態度非常謙虛，懂得毫不吝嗇稱讚後輩的成果。最重要的是，在自己犯下失誤時，他爽快承認錯誤並真心道歉的模樣，我至今仍留下深刻的印象。在工作時不強調自尊心的樣子，看起來非常帥氣。前輩之所以可以像這樣說話並行動，是因為比起怪罪別人，他會先想到可能是自己的錯。

2 表現好的時候，也要回頭看看

自我中心傾向會掩蓋自己的缺點，同時誇大自己的小成就。這就是在工作表現好的時候，也要客觀回頭看看的原因。成果和業績就像舞臺上的聚光燈一樣，使人沉醉在喜悅中，但是稍有不慎就會讓視野變暗。聚光燈照亮了主角，而主角卻因為強烈的燈光很難看清楚觀眾席。因為成果不是一個人的功勞，所以不要讓那些幫助過自己的人，還有比自己下更多功夫的人變得黯淡無光。

另外，我們也不能過度自信。總是散發好感的人不管自己處於什麼位子都不會驕傲。在擔任製作人的時期，我和藝人們一起工作時，看過許多可以走得很長遠的人，所以親身體會到這一點。人們追隨的明星們不斷嘗試用各種方式成長。另外，他們並沒有過度相信自己，而是照顧了身邊的人。對他們來說，我只是在工作場合見過一、兩次面的人，然而即便如此，他們也會細心地照顧那些照亮自己帥氣一面的我和工作人員，並且總是記得表達感激之情。可能是因為他們不會把自己的成功和人氣視為理所當然。

幸運會出現在準備和機會相遇的時候。

——塞內卡（Lucius Seneca）

這是我從學生時代就放在心底的話。成功固然需要實力和努力，不過大部分還是需要運氣。而且，在運氣到來前的準備過程中，一定會有幫助我們的人。如果真的有幸運之神，會不會把功勞歸給他們，並向懷著感恩之心的人伸出援手呢？不對，不是幸運之神，而是馬上可以得到曾經在身邊幫助我們的人的心。就像我依然對把功勞歸於我的明星們懷有感恩之心那樣。在無數的人際關係中，我們會讓他人感覺到反感還是好感，取決於習慣性的「怪罪」和「歸功」。

塑造態度

把舞臺從以聲音為主的媒體——廣播轉移到影片後，我變得忙碌起來。因為我看到了一個以前不用在意的問題——服裝。由於是展現自身形象的媒體，我認為主持人的視覺造型很重要，所以每部影片都穿不同的衣服，想為觀眾帶來嶄新的感覺。然而，我最近才明白一件新的事實。

「原來觀眾們沒有我想像中那麼在意我的服裝。」

後來，我又試著穿上以前穿過的衣服，但是沒有任何人提到我穿了已經穿過的衣服。我這才意識到自己錯過的東西——在我製作的內容中，比服裝更重要的元素是「態度」。

因為觀眾們比起外在的樣貌，更常對我的主持態度給予好感的回饋意見。

不僅是創作者和訂閱者的關係。我們經常錯過在日常人際關係中，態度也需要造型的事實。因為我自己也一樣，只顧著注意眼睛看到的東西。選擇衣服的標準可以透過各種媒體自然而然掌握，但是對於創造良好態度的方法或標準卻鮮為人知。因此，**如果想在人際關係中散發好感，那麼符合對方或情況的態度造型就非常重要。**

在工作中，我學到了在面對不同性質的關係時，有各自有利的態度。越是細心、特色強烈的人，對於對方的態度和語氣越能敏銳反應。再加上，我擔任製作人時，是身處在領導藝人、企畫公司負責人、作家、攝影導演、工程師等節目相關人員的位置，因此可以立即感受到根據我所採取的態度，我的地位會被鞏固還是被削弱。

隨著年資的累積，我學到的祕訣是語氣。根據對方或情況，我會使用不同的語氣。在主持廣播節目時慣用的語氣，雖然在重要的報告或事務工作上有利，但卻很難緩解演出人員們對陌生拍攝現場的緊張感。由於緩解尷尬並營造柔和氣氛是製作人的份內職責，所以對他們來說，以親切或隨和的樣貌來緩解演出者的緊張比較好。

像這樣隨著從自己擁有的特性中，決定要展現哪些不同的樣貌，對方可能對我產生好感，也會出現反感。如果不是在尋找能夠像家人或朋友那樣，喜歡原本的我的人，對於在社會打滾的我們來說，必須建立屬於自己的好感策略。

我想到的好感策略又名「3D策略」——對話（Dialogue）、渴望（Desire）、傾向（Disposition）。如果想要在關係中展現吸引人的魅力，我建議可以試試這些方法。

1 對話：散發好感之人的對話技巧

①調整語氣與說話的聲調

根據對方是誰，聲調和語氣也會不一樣。如果沒有自信，將聲調變得穩重沉著，也會帶來與眾不同的魅力。一般來說，人們會對低沉的聲音產生信賴感，並對明亮的聲調感到親切。因此，在應該給予信任的時候，把聲調降低一半，帶來穩重的印象。反之，如果需要營造親切、開朗、溫暖的氣氛，就提高聲調，改變氣氛吧！

②說話時懂得留白

在陌生的場合，為了改變尷尬的氣氛，我們應該或多或少都曾經有過刻意說很多話的經驗。有沒有因為說了很多不必要的言論，回家後才自責的經驗呢？雖然是為了緩解氣氛，然而問題是說了太多話，讓對方沒有機會對我感興趣，或是從我身上感受到吸引人的魅力。根據人際關係的特性和平常扮演的角色，在對話時調整一下自己說話的份量吧！如果對與人交往的事沒有自信，比起主動開口說話，一邊傾聽一邊記住對方的話，並及時提起或在其他情況下靈活運用，這樣更能提高我們的魅力。

2 渴望：喚醒潛意識望的行動

根據行為心理學，行動決定了潛意識中的好感。就像深厚的交情或情愛關係一樣，越是面對渴望想要發展一段關係的對象，越是如此。此時，有幾個可以讓對方對我產生好感的行動。

① 確實做出眼神交流

在表現關心的階段，眼神交流是最有效的。這是因為，我們會不知不覺望向與自己對視的人，而且如果是和自己對視了幾秒鐘的人，我們就會覺得對方似乎對自己感興趣。正如同前面所述，好感具有相互性，所以我們會被關心自己、喜歡自己的對象吸引。

②用擊掌給予親密感

有些朋友見了面後，會讓我們的心情特別好。仔細觀察後才發現，原來是因為在對話過程中，他們經常會誘導他人擊掌。人與人之間的輕輕碰觸，會釋放出強烈的化學物質——催產素。催產素可以提高信任、溫和、親密感，並產生舒適的情感。實際進行過的研究結果顯示，透過輕微的碰觸，可以在各種人際關係中感受到親密和積極的情感。然而，如果突然觸碰想要親近的對象，可能會讓對方覺得有負擔。那麼，就利用擊掌，讓對方沒有負擔，愉快地和自己變得親近吧！

③自然地露出笑容

我的第一檔廣播節目的主持人——Earip 曾說過：「**微笑是最好的化妝。**」仔細想想，確實是那樣。即使不化妝，身上還穿著寬鬆的衣服，只要臉上洋溢著燦爛笑容，總是可以散發耀眼的光彩。

微笑能讓我們發光，也擁有讓人記住我們的力量。人類行動研究學家凡妮莎・范・愛德華茲（Vanessa Van Edwards）在著作《暗示的力量》（*Cues*）中談到了微笑的效果。讓實驗參加者觀看一組隨機混合露出笑容和沒有露出笑容的人的照片，並讓他們記住每張照片中的人物名字，再用核磁共振掃描拍攝大腦的變化。結果發現，想起露出笑容的人時，大腦的補償中樞被活化了。也就是說，我們為了記住展現笑容的人，會積極活化大腦並傾注努力。

大家都知道笑是一件好事，不過還是有需要注意的地方。第一，連雙眼也要一起笑。第二，停止習慣性的笑容。如果眼睛不笑，只有嘴巴勾起笑意，就會讓人覺得不自然，彷彿在強顏歡笑。這樣無法帶來好感，而是會引起反感，還不如不笑。另外，若總是露出習慣性的笑容，至少在策略上懂得克制自己很重要。尤其在與工作有關的關係，或是需要讓人信任自己的情況下，比起習慣性的微笑，偶爾要露出自然的微笑。

3 傾向：配合對方傾向的戰略

有時也會需要配合對方意向和性格的魅力策略。如前所述，人們會被和自己相似的人吸引。如果有相似之處，可以就此著重談論；若性格和自己完全相反，就拿出自己擁有的面貌中，和對方最相似的自我吧！萬一很難找到交集，在引導積極氣氛的同時，強調差異的對話方式也會有幫助。雖然比談論共同點更難，如果使用學到先前不知道的事實或觀點的語氣，對話就會順利進行。

「哦，我從來沒有這麼想過，不過這是一個嶄新的觀點。」↓感嘆

「知道了新的事實。多虧了你，讓我學到了！」↓學習

每個人都會被肯定自己的人吸引。即使對方的性格和自己不同，也要帶著理解的心態，用試著理解對方的心、從對方身上感受到趣味的態度接近。即使是與自己不合的人，對我們產生好感的機率也會變高。

♥好感筆記♥

型塑關係中態度的方法

●提高好感的對話技巧

調整語氣和說話的聲調。需要提高自信，或給予對方信任感的時候，最好使用稍微降低聲調的穩重嗓音；想要給人親切感的時候，就稍微提高一下聲調，改變氣氛吧！另外，為了給對方機會對自己感到興趣，與其經常刻意閒聊，不如保持傾聽對方說話的姿態。

●自然行動的技巧

說話時要有明確的眼神交流。在適當的情況下微笑吧！沒有必要為了活躍氣氛而故意笑得很誇張。如果稍微變得更親近一點，可以通過擊掌等方式營造愉快的氣氛。

●因應對方傾向的技巧

如果想和對方有交集，就試著先達成共識。如果沒有共同點，就以多虧對方了解先前不知道的事實，或是學到新觀點的方式肯定對方，也會有幫助。

第四章

具備獨一無二的魅力

沒有人是沒有魅力的。
所以，不要追隨他人的魅力，
而是要試著找出自己的魅力，
成為第一個我。

如果能展現出一絲與他人不同的魅力，
就能塑造出帶給所有人好感
且專屬自己的角色。

發現自身魅力的五個問題

每個人都有自己的魅力，但是真正了解並加以利用的人很少，除非那些魅力就是能力的職業種類。面對大眾的藝人、網紅在外貌、性格、本業的工作能力等方面，都會受到眾人的評價，所以如果沒有持續進步，就很難生存下去。與他們近距離工作時，我感受到的是魅力取決於培養。尤其，偶像團體從出道前開始，就透過經紀公司接受訓練。有些在團體活動時沒有受到矚目的成員，反而在單飛活動後獲得壓倒性的人氣。也有在換了經紀公司或製作人後，發掘出以前沒有人發現的魅力而成功的明星。可以提升好感的魅力最終來自於發現和進步、選擇和專注。

但是，徹底計畫好的魅力有副作用。這是因為那樣的魅力與本來的面貌之間存在著差異。每當看到演藝人員向大眾承認自己罹患包括冒名頂替症候群在內的各種性格障礙或憂鬱症等心理疾病時，我都會覺得利用他人培養的商業魅力生活，對自己來說是不是一種壓力和負擔呢？如果不是與當事人親近的人，將無法理解不為人知的真實面貌和在他人面展現的魅力之間的反差感。**正如同穿上不合身的衣服時，身體會覺得不舒服，衣服也會受損一樣，刻意塑造的魅力很難持久。**

我們應該要尋找自己可以接受的魅力，而非計畫過的魅力。利用自己的特色長期受到喜愛的人，都有自己的哲學和信念。當信念成為基礎時，專屬自己不會動搖且具感染力的魅力就會變得堅定。在這裡，我想改寫一下林肯的名言：重要的是發展屬於我的、源於我的、為了我的魅力。

我們專注於自己身上並進行了解的時間有多長呢？對於感興趣的人，我們可以花一整天的時間埋首研究，卻很少對自己進行這麼激烈的思考。所以我認為，就像花費時間在別人身上一樣，我也應該花時間了解自己。其實，我也有對自己感到苦惱的瞬間。為了準備大學入學考試或就業而需要寫自我介紹時，如果遇到性格優缺點、人生中最困難的事情等提問時，我才會回顧自己曾經漠不關心的行跡。而且，每到這種時候，才會覺得後悔。我的人生中，也不是沒有發生過小插曲，早知道就把它們記下來了。如果平常就懂得關心自己，就不用強迫自己絞盡腦汁擠出答案了。

在忙著解決每日課題的生活中，懂得抽出一點時間回顧自己的人和不會這麼做的人，理所當然會不一樣。所以我認為，**如果想找到自己的魅力，首先應該挖掘出自己有魅力的樣子，而不是透過他人的視線。**

為此，我準備了可以正確認識自己的五個問題。這是我擔任製作人時，在分別企劃出適合數百名演出者的節目時，十分有幫助的方法。後來，身為主持人的我在塑造自己的角色時，為了展現我的特色和魅力，也曾經花時間思考這些問題。向自己提出一個好的問題，可以讓人成長和思考，所以如果想要了解自己，建議各位可以好好利用。

1 我適合擔任幾點的ＤＪ呢？

就像如果是悠閒、穩重的性格，就會使用沉穩、緩慢的語氣，而充滿能量、開朗的性格，則會使用輕快的語氣一樣，聲音的音調和語氣都會流露出固有的特質。這就是為什麼我為了找出自己的魅力，會率先問自己「我適合擔任幾點的ＤＪ呢？」的原因。廣播節目根據時段不同，主持人和節目的氛圍也不一樣。光是思考如果自己擔任ＤＪ，會適合主持幾點的節目，就能約略掌握自己的性格和形象。

我曾經主持過早上九點的廣播節目。當時，客觀聆聽自己的聲音後，我覺得自己不適合早上，而是應該主持晚上九點的節目。在需要傳達活力的早晨時間段，沙啞的中低音嗓音和慵懶的語氣不太適合。看到我每天早上都逼自己提高聲調並炒熱氣氛的編劇提出了建議，讓我決定退出早上的節目，改成主持晚上時段的節目。由於能夠用平靜的聲調主持，讓我覺得很自在。穿上了適合自己的衣服，自然也會充滿自信。

雖然不知道光憑聲音要如何才能完全了解自己，但是**聲音比我們想像中，包含更多有關個人特質的線索**。在開啟嶄新一天的早晨時光，適合明朗輕快的特質。慵懶的下午時段，則以愉快、個性鮮明又敏捷的綜藝型主持人為主。時間越晚越沉穩，在深夜和凌晨時段，常常可以聽到擁有舒適、緩慢語調的主持人在主持節目。你是適合幾點的人呢？

2 我是專家，還是通才呢？

即使不顯眼，也有人因為默默展現存在感而獲得人氣。他們主要有兩個特點——專家或通才。專家是在一個領域具備傑出知識和才華的人，擁有壓倒性的專業能力。通才是對很多領域具備普遍知識，也就是我們所謂的「知識淵博的人」。

兩種類型都是越聊越讓人覺得有魅力，並帶給他人好感。如果思考自己接近哪一邊，並且想成為什麼樣的人，就可以得到發揮魅力的提示。如果擁有深入挖掘一個領域的狂粉氣質，就是專家的類型。反之，如果關心各方面的知識，並且涉獵最新潮流或雜七雜八的知識，就可以說是擁有通才的氣質。

最好盡可能在不是自己的職業和工作領域探討自己屬於何種類型。因為在社會生活中，人們通常會擁有一份工作或持續在同一領域工作，所以在工作時，會比較接近專家。回頭檢視已經擁有的專業性固然是件好事，不過也在非工作的領域尋找一下吧！

曾在廣播電視領域工作的我身邊有很多菁英人士。因為需要製作大眾化的內容，所以大多數的人對各種領域都略有涉獵。製作人的徵才考試中有時事常識的測驗，也與這種特性有關。

然而，並不是所有的專家、通才都具有吸引人的魅力。雖然很專業，但是如果不傾聽別人的意見，只會堅持自己的看法，或是知識淺薄，卻總是裝出一副自己很了解的樣子，不要說是好感了，恐怕與他人的對話都有困難。

3 我的榜樣是誰？

我們選擇的榜樣反映了我們追求的價值觀或人生目標。我憧憬的是隨著年齡增加，變得越耀眼的長輩。這反映出我對雖然緩慢，仍舊堅持不懈，把生活的一切經驗當成資產，藉此成長的人生賦予價值。比起散發耀眼光芒卻轉瞬即逝的流星，我更想成為一直在同一個地方閃耀，如同月亮般的人。

打造「Hirenze Choi」也是因為這個原因。正如我先前說過的，「Hirenze Choi」是我最精心打造、最沉穩、最嚮往成長的一個角色。自從我在 YouTube 上以「Hirenze Choi」的名字活動以來，我一直都在為了過上符合自己追求價值的生活而努力。因為不想變成人前人後不同的人，並且想要直接以自己的生活，向人們證明自己要傳達的各種內容，我開始積極過生活。

十年後，YouTube 是否還在仍舊是未知數。不過，我相信被人生榜樣影響而打造出的角色，無論處於什麼環境，都會幫助我更接近想要的人生。**詢問自己覺得什麼樣的人很帥氣，或是想要效法什麼樣的人吧！如此一來，前進的方向、需要培養的領域，都可以看得**

很清楚。可以不是真正存在的人物，也可以不是完美的人。是自己想像中想要成為的樣子也不錯。重要的是，要意識到自己心中真正想要的樣貌。

4 我的缺點是什麼？

在第一章中，我曾提過要將自己的缺點變成吸引人的魅力加以發揮。為此，有必要徹底調查自己。雖然可能會想要逃避，也會覺得很痛苦，但是在此過程中，有可以找到魅力的機會。當然，要想把缺點當成吸引他人的材料，必須往不會傷害他人的方向發展。如果只對自己有利，卻讓他人不舒服，就很難成為吸引他人的魅力。就如同下面的例子一樣，羅列出自己已經知道，或是從別人口中聽到的缺點，思考一下可以換成什麼單詞。

緩慢↓優雅

敏感↓細心

即興↓有執行力

（　　）↓（　　）

5 用形容詞和動詞可以怎麼描述自己？

如果要說明某人的魅力，通常都會使用「聰明的、搞笑的、堂堂正正的」等形容詞。這也是可以試著運用在自己身上的好方法。正如「禍從口出」這句成語的意思一樣，**語言在潛意識中會強勢占據一席之地，所以只要定義自己就能找出魅力**。以前的我把自己定義為溫暖的人，因為如果覺得溫暖，就會努力想要那樣生活。哪怕是很瑣碎的特性也試著運用看看吧！形容自己的過程本身，就是了解自己有意義的行為。

接下來，輪到用動詞來表達看看。動詞比形容詞簡單。用經常做的行動或者喜歡的行動來描述自己吧！「說話、散步、思考、書寫、笑、聆聽、喝、培養、長大」等，可以用的詞無窮無盡。像這樣將整理過的動詞和形容詞結合起來，也是一種有趣的發現。「我說話很深思熟慮。我笑起來很搞笑。我覺得很溫暖。我有智慧地聆聽。」這些都是描寫我的句子。在這樣的過程中，可以找到自己吸引人的魅力。

♥好感筆記♥

發現自我魅力的五個問題

Q.我適合擔任幾點的DJ呢？（說話的聲調和語氣會直接了當呈現一個人的特性。我適合哪個時段的廣播節目呢？）

Q.我是專家，還是通才呢？（我是只鑽一口井的人，還是各種知識都想要略有涉獵的人呢？）

Q.我的榜樣是誰？

Q.別人眼中的我有什麼缺點呢？

Q.如何用形容詞和動詞形容自己？

創造專屬自己的類型

我仍然有很多喜歡的東西，也有許多想做的事，所以偶爾會引起誤會。因為比起說不喜歡，我相信常常說「喜歡」等正面的敘述也沒關係，並且養成了這種說話習慣。

「妳好像不管什麼都說好耶？」

然而，不是有句話叫做「過猶不及」嗎？我忽略了就算是再正面的話，如果太常說，真實性就會褪色的事實。這會讓我看起來像個沒有主見的人。明明認為自己有堅定的喜好，但是在別人眼裡看起來，卻像不管什麼都喜歡的原因是什麼呢？真的是因為我膚淺的心，還是聽者誤會了呢？後來，我猛然想到，**根據興趣的深淺，好感的程度也會不同**。一貫的喜好可以成為一個人獨有的流派並展現其魅力。所以，我認為花時間掌握自己的喜好是什麼、有多喜歡會有幫助。以下將介紹我為了鞏固自己的喜好而想到的方法。

1 掌握真心的深度

●頻率

多常為了對方花時間？

從什麼時候開始喜歡？

●努力

我了解對方多少？

除了人們熟知的資訊，我還知道什麼？

●犧牲

你願意花時間與金錢在對方身上嗎？

就算有替代品，也會做出相同的選擇嗎？

喜愛一件事的時候，會經常想到那件事，也會想要努力。即使有困難，犧牲自己的心意也會變強烈。仔細編輯成目錄後，我的喜好就會變得很明顯。我們可以粗淺喜歡很多東西，但是只有少數能讓我們真的全心全意投入。簡單來說，曖昧的關係可以有很多段。這是帶著一定程度的好感去了解對方並確認自己內心的階段。就像交往很久的戀人一般，介紹還在曖昧階段的關係。雖然太頻繁的肯定會讓真心顯得膚淺，可是也不能刻意假裝討厭自己喜歡的東西吧？所以，我決定讓自己的喜好變得明顯。

2 像狂粉一樣深度鑽研

元認知是一種準確且客觀區分自己知道與不知道事物的能力。不僅適用於學習，還有助於釐清喜好。所謂的狂粉，對於喜歡的對象從頭到腳都瞭若指掌，甚至可以信手拈來。如果想要擁有明確的喜好，卻還處於不甚了解的階段，像狂粉一樣擁有獲取知識的心態很重要。讓我們仔細研究，以期總有一天可以很有自信地說自己很了解。具體地了解得越多，喜好就會越明確，屆時我們才能發現自己真正喜歡的是什麼。

我們掌握的知識大多是體驗型的知識。以此為基礎，試著再加上理論的知識吧！以葡萄酒為例，「喜歡乾型卻又果香濃郁的葡萄酒」正是用親身經歷為基礎的經驗型知識。然而，如果不刻意記住，經驗也會消失。若不想讓經驗只是經驗，就應該多多學習、探索。乾型卻果香濃烈的葡萄酒是用什麼品種的葡萄釀造而成、該品種主要產於哪個地區等，只要稍加了解，就能找出我的葡萄酒口味是屬於義大利、法國，還是美國的風格。如此一來，在葡萄酒專區，就算不用他人推薦，也可以輕鬆找到自己喜歡的葡萄酒。對他人的依賴程度越低，喜好就會越堅定。這也會成為屬於自己的特色。

3 必須可以簡單說明自己喜歡的事物

我很喜歡香水，甚至可以自豪地說，我擁有二十多年的香氛迷資歷。然而，某天在為了購買新香水而前往的賣場裡，我經歷了腦袋空白的經驗。當店員詢問我喜歡什麼香味，我卻沒能給出一個明確的答案。如果是在常用的香水品牌賣場，我可以說出曾經使用過的產品，告訴店員我喜歡的是這種香味。然而，在不曾接觸過的新品牌賣場裡，我為了想出具體形容香味的辦法而捏了一把冷汗，最終還是沒能好好說明。因為告訴店員我喜歡柑橘調的香味，店員就讓我試聞了很多款柑橘調的香水。然而，我越試越懷疑自己真的喜歡柑橘調的香水嗎？結果，我沒有挑中自己喜歡的香水，就這樣空手而歸。

那時我才知道，**如果無法解釋清楚，就不能成為自己的東西**。要想把喜歡的東西變成自己的特徵，就要學會如何明確地說明。《說話的潮流》（말의 트렌드）一書的作者鄭宥拉作家說，這是「提高描述解析度的工作」。準確說出自己喜歡的事物，並提高描述的解析度，最終可以更精準的了解自己的興趣。

現在，我可以說出我喜歡的混合乾燥玫瑰和鉛筆芯的青草香味是什麼了。我被丁子香，也就是丁香的香味深深吸引。比起如同果汁般清爽的柑橘，從茶葉散發出的沉穩、精煉過的花香才是我想要的香氣。像這樣用單詞定義後，自己曾經誤解的喜好也變得更加明確。

4 陶醉於喜歡的事物

不論何時都必須陶醉。一切都在其中。這是唯一的問題。如果不想感受到重重壓在肩上，讓身體朝地面彎曲，名為時間的可怕包袱，就必須不停陶醉。

但是，要為何而陶醉？酒、詩，或是美德，只要是你喜歡的什麼都可以。反正，只要可以陶醉就好。

——夏爾．波特萊爾（Charles Pierre Baudelaire），〈陶醉吧〉，《巴黎的憂鬱》（*Le Spleen De Paris*）

讓喜好成為魅力的最確實方法，就是取得它並陶醉於其中。當伸手可及的物品和盡情沉迷於自己喜愛之事物的醉意融合在一起時，身體自然就會沉浸於喜好之中。我期待自己變老的理由也是因為累積的經驗會成為我的喜好，並造就我的氣質。所以我想好好利用賦予我的時間。

二十歲之前，我在日記本寫下摘錄自〈陶醉吧〉的句子。我認為，如果想要好好享受青春，應該要陶醉於喜歡的事物中。在三十歲後半段的人生之路上奔跑著的今天，那份心意依然沒有改變。**在充滿嚴肅事物的成年人生活中，陶醉於自己喜好的時間讓人有了活下去的理由。**儘管如此，每當歲月帶來的壓迫或不安襲來，我都會回到自己興趣的故鄉。聆聽在學生時代，讓我心情激動的音樂，或是聞著在旅行時購買的香水，回想當時的幸福回憶，又或者是前往自己時常光顧，可以讓心靈安定的餐廳吃飯。我意識到是生活中瑣碎的選擇聚集在一起而造就現在的我，並且下定決心以後也要好好生活。

如果還沒有找到明確的喜好，就看看自己的生活模式吧！如果對一件事很容易失去興趣，那就不是喜好；若不管做得再久都不會覺得膩，那件事就會是你的喜好。羅列出去了再多次都不會膩的場所、無論什麼時候穿都喜歡的衣服、不管誰說了什麼都會反覆沉醉於其中的事，就能感受到自己也擁有喜好。那麼，現在是該沉醉於那件事的時候了。**因為當經驗和喜好相遇時，屬於自己的魅力和流派就會誕生。**

♥好感筆記♥

將喜歡的東西變成自己獨有流派的方法

●掌握真心的程度

多常為了對方花時間？

從什麼時候開始喜歡？

我對對象了解多少？

除了人們熟知的資訊，我還知道什麼？

你願意花時間與金錢在對象身上嗎？

就算有替代品，也會做出相同的選擇嗎？

能夠直接回答前述問題，才是真的喜歡。

●同時具備經驗和理論知識

只有不侷限於經驗，懂得同時累積理論知識，養成專業性，才能形成自己的特色。

如果想要把話說得漂亮

在我同時擔任廣播節目製作人和主持人的時候，我必須能夠用一句話吸引聽眾。因為只能以聲音和口才決勝負，如何塑造魅力十足的語氣是我最大的苦惱。「如果可以掏出我我的心展示在眾人眼前，那該有多好啊？」剛開始，由於廣播節目是無需露面的環境，不會讓我感受到負擔，所以我很喜歡，後來卻因為傳達能力受到限制。廣播的意圖只能靠語言傳達，讓我感受到侷限性。遲遲沒有進展的情況令人覺得鬱悶，我也認為不能再這樣下去，於是開始觀察其他節目的主持人。

當時，從公司到我家的往返距離為一百二十公里。在漫長的上下班時間，我也成為一名聽眾。時常調整著頻道，尋找有魅力的主持人。我會固定收聽有趣的節目，試圖從中學習主持人身上有什麼魅力、節目的哪個部分是優勢。透過這個方法，我找到了三名榜樣。

他們是廣播製作人兼時事節目主持人金賢貞（音譯）、我從學生時代起就很喜歡的〈Sweet Music Box〉主持人鄭智英，以及主持〈與你開啟的早晨〉的主播金容信（音譯）。

我從各具魅力的主持前輩身上學到很多技巧。不只是語氣和主持速度等演講的基本功，還有用話語包裝心意，以自己專屬的主要特長吸引他人的方法。他們單憑聲音就能左右聽眾，如果與他們長期溝通，自然就會明白自己的不足之處。然後，我模仿他們練習了臺詞。我向金賢貞主播學習在適當時機正確回答必要問題的能力、向鄭智英主播學習如何說出該說的話，同時融化聽眾們的心，再向金容信主播學習溫暖、討喜地傳達能量的說話方法。

經過一年開始出現變化。我說的話產生了前所未有的影響力。在決定性的瞬間或需要宣傳自己時，我說的話開始發揮效用，也因此累積了成就。不僅是主持節目，在需要報告或通過企畫案的時候，或是參加面試時，我的意圖也毫無扭曲，正確地傳達給對方。從那個時候起，我開始相信「說話」是我展現自己的窗口，而**呈現我的內心和優點的最佳方法就是說話**。

以當時的經驗為基礎，我製作並上傳了一部「用魅力說話的三種方法」的影片。這部影片根據演算法，觀看次數已經超過兩百五十萬次。光是這個事實就可以證明魅力和語言的緊密相關。影片中介紹的好感型語氣既是對我有幫助的方法，也是我在製作節目時，苦惱過無數次的部分，所以我希望各位可以拿來稍加運用。

1 使用新鮮的詞彙

某人的話可以長久留在我們記憶中的原因大致有兩種——蘊含真相或使用特別的表達方式。我們大部分會使用常見的單詞和稀鬆平常的表達方式。如果用新鮮的詞彙來代替，在腦海中留下深刻印象的同時，也會讓對方重新審視我們的形象。特別是把平時不常用的單詞重新組合起來使用，可以保持語言的感覺，讓對方留下深刻的印象。

「我喜歡頑皮的麵包。」

歌手ＩＵ說過的這句話，至今還是讓我讚嘆的描述方法。由於自己對麵包的哲學，將可以感受到多種食物滋味的麵包，稱為「散發真摯味道的麵包」，而填滿奶油的麵包，則是「頑皮的麵包」。居然為麵包冠上「頑皮」這個形容詞。這是平時習慣廣泛閱讀，同時也是作詞人的她才能說出來的回答。

不只是新鮮的單詞組合，機智的單詞也可以帶來幽默的魅力。如果聽到以好口才聞名的張恆俊導演說的話，就會時常不由自主打開記事本。某天，他在一檔廣播節目上，提及因電視劇《假面女郎》而成為話題的演員安宰弘，引得聽眾爆笑。

「安宰弘非常有禮貌。我們在拍攝電影〈魯蛇大翻身〉時，他曾說：『因為各種原因接拍了〈假面女郎〉，所以必須去那部戲的拍攝現場一趟。』但是，後來看到電視劇的時候，我嚇了一跳。沒想到他離開了我們的拍攝現場，是去做這麼淫穢的事。」

這是讓看過那齣電視劇的人都捧腹大笑的話。當時，安宰弘飾演的角色是跟蹤主角的痴漢。這是一個把符合張恆俊導演口中的「淫穢行為」當成家常便飯的角色。此處的核心是平時不常用的「淫穢」一詞。將被遺忘在腦海一角的單詞愉快拿出來的人，都會散發出有趣且知性的魅力。

2 摒棄模糊不清的敘述方式

具體的描述是讓人可以感受到真實性的有效說話方式。如果是抽象或模糊的描述，會讓人無法明確知道我們想表達的核心是什麼，因此失去吸引力。反之，越是具體、直接，越能在他人心中留下深刻的印象。

主持廣播節目時，我最苦惱的便是這個問題。用沒有魅力，也無益或無趣的話來填補節目時間，就像在浪費頻道一樣。從那個時候起，我開始組合並收集好的表達方式。而且，試圖克制容易在無意中使用的「太」、「真的」等副詞。就如同用「聽到這首歌，是不是感覺心臟怦怦跳？」代替「這首歌是不是很好聽？」的方式，如實說出自己的感受，同時努力使用多元的表達方式。

我偶爾也會從聽眾身上學到東西。因為我是選擇故事和訊息來讀的一方，所以一定會有吸引我目光的訊息。會讓我一收到訊息就想立刻讀給聽眾聽的語氣之一，就是具體勾勒情況。例如，「在播放歌曲時，我們醫院的院長突然『哦！』了一聲。他說選曲很不錯，還要求播放出來大家一起聽呢！」

對情況的具體描述，擁有激起人們想像的力量。收到訊息的那一刻，我彷彿瞬間移動到院長和那名員工身處的醫院。像是在勾勒當下情況般闡述，會讓人產生共鳴並陷入該情境中。如果只是單純地說：「歌曲太好聽了。」雖然遺憾，不過這種敘述方式容易讓人擦肩而過。雖然已經是八年前的事，不過從至今仍讓我記憶猶新的這點看來，我是切身感受到具體描述的力量很強大。

如果想用語言表達真心的瞬間來臨，就要必須在具體描述上多花點心思。勾勒情況也好，以具體的描述代替抽象的、常見的話語也不錯。也許只要多花一些時間，就能單憑一句話得到對方的心。

3 將負面的描述換個方式說出來

在我學習說話方式並成為溝通專家後，經常從親近的人口中聽到「說得真好聽」這句話。其實，我從以前就開始注意說話的語氣。在進行直播時，因為擔心一次的失誤就會成為撕不掉的標籤，讓我更想慎重地說話。此外，在職場上遇到對一字一句都很敏感的人時，因為不想被抓住把柄，於是我時常投注精力在選擇詞彙的這件事上。

從我努力想要使用體貼的語氣時開始，意外經歷了拓展人際關係的經驗。我與日常生活中很容易擦肩而過的人結下緣分並進行交流。和社區鄰居或常去的咖啡店老闆打招呼並聯絡感情，讓我再次感受到表達的珍貴。

不說可能對他人失禮或造成傷害、差別待遇的話，對自己來說也是一件好事。就像說錯話後，心裡會一直覺得不舒服，如果與此相反，用理直氣壯、漂亮的表達方式，我們就會為了可以那樣生活而督促自己成長。抱著這種心情，我告訴自己一定要遵守這兩點。

選用正面的詞彙。

選擇理解對方立場的詞語。

良言一句三冬暖，惡語傷人六月寒。即使是相同的意思，說出口時試著去掉消極的語氣吧！經常在無意中說錯話的人，習慣使用帶給他人負面感覺的單詞。反之，即使是相同的一句話，懂得用親切的語氣說出口的人會使用正面的詞彙。我們來舉個例子吧！

「教授，課程內容有點困難，可以再說明一次嗎？」

→「教授，我覺得課程內容很專業，可以再說明一次嗎？」

雖然是相似的話，但是在理解對方的立場後再說出來，會讓對方感受到被關懷的感覺。以這個意義來說，具有魅力的語氣重點應該在於心意。所以，讓我們用健康的心態思考吧！說話時有多用心，說出的話就會有多少魅力。

Hirenze Choinel
說話時散發魅力的三種具體方法。

Hirenze Choinel
同一句話也能讓人產生好感的方法。

♥好感筆記♥

如何安裝讓人有好感的魅力語氣

● **使用新鮮的詞彙**

就像歌手IU的「喜歡頑皮的麵包」一樣，將既有的單詞組合在一起，使用新穎的表達方式，或是將已經知道卻不常用的單詞以具幽默感的方式用在適合的地方，就會讓人留下深刻的印象。

● **不使用模糊的敘述方式**

含糊其辭的語氣沒有魅力。同樣的一句話，如果可以具體闡述，聽者也可以感受到其真實性。

● **將負面詞彙換成正面的單詞**

把話說得好聽比我們想的還要容易，只要把負面的詞換成積極的語氣就可以了。即使是相似的一句話，也會讓聽者覺得自己被體貼，而產生好感。

與眾不同的魅力在於眼光

在旅行途中，我曾偶然走進一處販賣古董的跳蚤市場。逛著逛著，我因商品的價格嚇了一跳。覺得為什麼要花這種價錢購買呢？由於不知道價值，所以在我眼中看起來，每件商品都像是即將要被銷毀的東西。後來因為覺得沒什麼看頭，決定直接離開而感到後悔，但已經是幾年後的事了。現在我有收集中古茶杯的興趣，這才知道復古的真正價值。也許過去的我曾經錯過的茶杯，其實是很難買到的珍貴物品。

眼光就是這麼一回事，是讓我們懂得在過多的物品和資訊之間，挑選出有價值的，並適當利用的見識。**眼光卓越代表擁有選擇最佳或獨具慧眼**。這是在最近這樣的時代，更能讓人覺得有魅力的能力。

我一看到有眼光的人就會很羨慕。在讚嘆對方的眼光後，他的一切舉動和選擇好像都被施了在他人眼裡看起來很不錯的魔法。由於擁有與這些人有關的經驗、喜愛，甚至辨別能力，所以對我來說是一個值得信賴的人。我開始好奇，在什麼樣的環境下做出怎樣的選擇，才會擁有發現寶物的能力。從他們身上，我感覺到讓我想要學習、模仿，並待在他們身邊的魅力。

因此，如果想要擁有和他們一樣吸引人的魅力，建議可以培養自己的眼光。然而，眼光並不是在短期內就能培養。當我們深入挖掘自己持續關心並喜歡的東西，感受到將其變成自己所有物的樂趣時，從某個瞬間開始就會產生眼光。這和喜好形成的過程相似。像這樣累積而成的眼光，會讓人生變得具有特色、豐富，同時成為吸引他人好感的元素。

1 尋找可以提高文化眼光的根源

雖然說出這種話的時候需要很小心，不過有個領域我可以很有自信地認為自己很有眼光——音樂。這都是多虧了在我十幾歲時愛聽的廣播節目——《Ghost Station》的主持人申海澈幫我建立了自信。在凌晨兩點的時段播出，這個由傑出歌手主持的節目，果然以平時很難聽到的選曲類型，讓聽眾體驗到新世界。因為他還經常告訴聽眾有關音樂的基礎知識，所以我也自然而然學會找音樂來聽的方法。如果有喜歡的歌曲，不要只聽那首歌，而是找出整張專輯來聽，追溯音樂類型的根源。如果還有其他音樂人受到該音樂人影響，那麼在尋找他們創作的音樂時，不知不覺又會聽到更多歌曲。當時，為了聆聽線上講座而購買的PMP（Portable Multimedia Player，可攜式多媒體播放器）中，音樂檔案比和講座相關的檔案更多，我因此把學習拋在腦後而重考，但是我並不後悔。我反而因此累積了屬於自己的音樂庫，也接觸到多種文化。憑藉這樣的粉絲力，當我成為廣播節目製作人時，在選擇音樂上沒有遇到太大的困難，且從菜鳥時期開始，就能輕鬆和前輩們談論節目相關的話題。

尋根的練習不只是消費文化，還可以學會愛的方法。就像熱愛音樂、聽音樂、挖掘音樂一樣，在大學學習電影時，我也對自己喜歡的導演所執導的作品略有涉獵，結果自然而然理解為他帶來靈感的美術、藝術、思想等等。

培養眼光時，最重要的是養成可以分辨真假的眼力。大家應該都聽說過原創和剽竊、模仿、致敬、參考等說法。我們必須學會分辨這些。就像知道原曲後，在那首歌被翻唱時，就會出現比較原曲和翻唱的群體，並且掌握翻唱者的意圖一樣。知道根源和不知道根源的人所做的選擇，對文化的接受和理解深度不可能一樣。

2 根據創造者的哲學消費

我曾看過一則報導指出，與以前相比，現今根據自己的哲學和信念消費商品的人正在增加。尤其，MZ世代比起具備性價比的產品，選擇與價格相比，能夠帶來更高心理滿意度的「心價比」商品進行消費的傾向正在增強。亦即，他們會考慮一家企業是否採用代表環境（Environment）、社會（Social）、支配結構（Governance）的ESG經營。如果是ESG優秀企業，就有意願對該企業增加比競爭公司的產品更多的支出。

如果有越來越多的人願意向符合消費者價值的企業進行消費，並向消費的物品賦予他們的特性，就可以塑造讓「善良」企業增加的基礎。我認為消費的眼光正是從這裡培養的。比起廉價且大量生產，導致供過於求而輕易被丟棄，我希望有更多人可以了解蘊含於物品中的意義所帶來的價值。自從開始關心氣候危機的議題以來，我在購物時便會觀察生產者的意圖。越是經常使用且可以被代替的東西，我越會傾向選擇購買環保產品。消費帶著良善心意的生產者製造的商品，等同於支持該企業的哲學。透過消費，我們可以再次確認並守護自己的信念和哲學。

消費偏好也對擁有影響力的明星們的魅力發揮一定的作用。廣告什麼產品、**日常生活中使用什麼產品，可以決定好感度**。始終如一的消費越多，吸引力就越大。例如，演員安昭熙曾在自己的頻道上介紹過自己一直使用，並且以擁有良好哲學而聞名的化妝品品牌。該品牌為了鞏固其哲學，繼環境問題之後，也積極參與對弱勢族群的支援和捐贈等行動，且規模大幅成長。介紹產品的安昭熙因此得到擁有正面消費哲學的形象，對企業和演員來說，都是很好的消費行為。

3 親自製造並拓展眼界

就讀電影系時，某位教授曾說過，真正熱愛電影的方法就是製作電影。至少在畢業後，要知道如何正確欣賞電影。雖然現在過著與電影無關的生活，不過回想起來，當時教授的話不僅限於電影，也是適用於整體生活的真理。在嘗試製造什麼，或是親自嘗試之前，不但無法真正了解該領域，也無法完全得知從事該領域的人們是何種立場。製造者要投入多少心力、實力、努力才能得到滿意的結果，只有試一試才能知道。

由於在大學時期製作過電影，現在的我至少成為不會對電影隨便說三道四的人。任職於廣播電臺時，我看到製作者會遇到什麼困難，又必須經歷何種過程才能產出結果。所以當我跨足自媒體後，對於不斷製作出新鮮內容的創作者夥伴，產生了尊敬之心。

最重要的是，如果沒有愛，成為生產者將會是一件很難持之以恆的事。因此，只有親自嘗試，才能知道自己的世界在擴張。**如果想培養更進一步的眼界，就站在製造者的立場上吧！**試過才看得到；親自製作過，力量才會變得更強。這種能力也是審視個人人生的眼界。

♥好感筆記♥

培養無論做什麼都很傑出的眼光

●探索文化的根源

有眼光的人大多具備多元的文化見識。如果有特別喜歡的文化，不要侷限於消費，而是以涉獵的心態不斷深入。

●按照自己的信念消費

買東西時，隨便購買和知道物品的價值及生產者的意圖再購買，是截然不同的兩件事。如果看到有人只挑好的東西消費，他們可能都是根據自己的哲學購買物品。

●親自製造自己喜歡的東西

這是擴大眼界的深化階段。如果喜歡一件事物，就讓自己站在生產者的立場上吧！親自試一試，就能感覺到自己的眼界在擴張。

尋找象徵的香味

我身邊還有個一直丟不掉的東西。那是現在已經停產，使用期限也超過十年以上而無法再使用，我卻保存至今的一款名為「Magnifique」的香水。之所以繼續保存，是因為就像這款香水的名字帶有「光明磊落、莊嚴」的意思一樣，它讓我回想起覺得自己似乎什麼都可以做得很好，並且充滿霸氣的二十多歲。想像第一次聞到木質調和花香混合的香氣時，感受到的優雅、帥氣的大人形象，夢想著未來。長大後，現在再聞到那股香味，彷彿搭上時光機一樣，帶著掙扎於現實生活中的我，回到二十一歲的初心。

香味帶有象徵性的魅力。讓人在聞到特定香味時，就會想起當時的情感或回憶，或是讓人記住使用該香水的人。這也是我建議，如果想要超越內在魅力，利用其他魅力帶給他人好感時，可以尋找專屬於自己香氣的理由。**香氣會在不知不覺中，為我們塑造形象，左**

右我們的魅力。也就是說，這可以成為提高無法以語言說明的好感與魅力的工具。

曾經有人讓我意識到獨特香氣的重要性。在我準備考大學時，坐在我後方的同學擦了包裝瓶的顏色是淡紫色的一款嬰兒乳液。在即使不願意還是要繼續讀書的日子裡，總是隱約搔著鼻尖的乳液香氣，讓我的心情平靜下來。結合那位同學的親切個性，每當我聞到那款乳液的味道，就會想起那位同學。

另外，在同一間K書中心的鄰校同學，也在我的記憶中留下了深刻的印象。相當受歡迎的她身上散發的香味也很有名。只要是那位同學經過的走廊，都會留下混合紫丁香和桃子的甜蜜氣息。在同一間K書中心的同學之間，甚至還有人好奇這是什麼香氣。

香氣的魅力能夠塑造良好的形象，在行銷上也被積極利用。在空間應該具有魅力的飯店、選品店、餐廳等處，會親自製作並販售香氛。如果空間裡散發出特定的香味，顧客就會想起那個空間，甚至想要再次拜訪該空間。就像教保文庫裡的香味被命名為「教保文庫香水」一樣，香味會刺激嗅覺，進而影響我們的行動。

香味是源於關心自己

尋找自己的香味並不代表要使用昂貴的香水來妝點自己。由於氣味和清潔也有關係，我建議可以先整理一下自己和周遭環境。看一下自己目前所處空間的狀態吧！因為習慣每天洗澡，通常身體會保持基本的清潔度，但是很難連空間也保持乾淨。過去在忙碌又心煩意亂的時候，就算把四周收拾乾淨，也會馬上再次變得髒亂不堪，沒有什麼香味。每天工作結束後回到家，也沒有餘力整理房子，只能放任東西漸漸堆積，甚至連開窗戶換氣都不想，只想躺下休息。一想到我正反覆過著好不容易梳洗好，就必須慌慌張張噴了香水就出門的生活，導致成就自己的一切都變得不完整，只能勉強照顧身體時，便覺得自己沒那麼有魅力了。

那時我就明白了，魅力不是來自對他人視線的在意，而是從關心自己開始。為了重新整頓自己，我開始注意被自己推到第二順位、第三順位的日常生活，並且開始整理經常使用的空間。從停留時間最長的臥室、使用時間隱約最久的浴廁，到下班後一回到家，最先看到的玄關，全都被我收拾得乾乾淨淨，並且放上我喜歡的香氛。回到家休息時如果可以感到愉悅，心裡也會慢慢跟著放鬆。

整理好空間之後，我在衣櫃和抽屜裡也放了自己喜歡的香氛。從纖維之間自然散發的香氣安定了我的身心。即使不噴香水，隱隱約約染上的香氣也提高我對日常生活的滿意度。我個人推薦的方法是依照用途使用適合的香氛產品。如果該儲藏空間裡，放置的是圍巾或腰帶等使用頻率較低的物品，我就會放入不常使用的香氛。這樣一來，從隔了好一陣子才拿出來的物品上，就可以聞到平常不會聞到的香氣，藉此轉換心情。

如果覺得噴香水有點負擔，使用乳液或護手霜也可以。與香水相比，人們對乳液或護手霜的好惡差異較小，而且此類產品擁有相對自然的香氣，味道的持久度也較長。在新冠肺炎肆虐的期間，外出這件事變得困難。我為了成為讓自己也覺得有魅力的人，經常使用自己喜歡的乳液。

「怎麼會連味道都這麼好聞？」

我想起了一位曾和我談論自己迷戀對象的朋友說過的一句話。香味之所以可以散發魅力，或許是因為它成為那個人的「一擊」。因為我們對於有好感的人，常常「連」他身上的香味也一起喜歡。**對自己感興趣，藉此知道適合自己的香味，並且懂得顧及肉眼看不見的香味細節的人，很難是沒有魅力的。**

培養知性魅力的方法

不容易被看穿的人很有魅力。就像越是交談，就會越想要了解那個人一樣，越是深入了解，越會覺得好奇，並且無法預測的人身上，有一種特別的洞察力。學生時代，聽著收音機的我第一次體會到這一點。因為我領悟到，即使是素未謀面的對象，也可以從那個人身上感受到好感的事實。讓某人感受到魅力，最終成為粉絲的力量，來自於用語言的深度和意想不到的視角來解釋世界的能力。

在這個創作內容越來越豐富的時代，洞察力更加重要。如果沒有篩選正確資訊的標準或判斷力，就很容易被錯誤資訊蒙蔽。根據每天接觸資訊的管道，或是經常與什麼樣的人見面，我們的世界可能會擴張，也有可能會變得狹隘。如果有過著井底之蛙生活的人和懂得游泳的人，不用多說也知道兩者之中，誰會散發好感。

因此，我認為我們應該成為「閱讀者」。如果不閱讀，就會被他人看穿。演算法現在也正在解讀我們關心什麼事，或者需要什麼。社群媒體正擴大展現我們關心的事情，並且只提供我們想接觸或想聽、想看的資訊。如果被別人看穿，當他人給我們什麼就二話不說接受，被動的態度就會成為習慣。就如同有些人常在網路上說一些常見的、顯而易見的話題時，無法散發出強烈的魅力一樣，我們很難從容易被他人看穿的人身上看到其獨特的個性。

我時常保持警惕，不讓自己成為一個容易被看穿的人。因此，為了不盲目聽從他人的意見，有幾個需要實踐的習慣。在堅持這些習慣的同時，也要努力培養自主閱讀世界的眼光。

1 記錄思緒

剛踏入社會時，有一次我正在和上司報告，曾被質疑報告內容是否為正確資訊，並得到與出處相關的回饋意見。從那個時候開始，我開始小心無意中從某處聽到的傳言。我意識到不正確的資訊會模糊我要傳達的資訊重點和可信度。不只是在工作上，我們很常把從某處聽到的事、某人的主張當成自己的意見。不是單純同意意見，而是沒有經過深思熟慮，便把他人的想法當成自己的，並且相信這是正確的。

思緒要經過整理，才能成為自己的東西。可以按照自己的主觀想法整理後記錄，就可以塑造成自己的。這也是我建立自己頻道的契機之一。如果不收集擔任製作人時學到的東西，以及與各種職業的人見面後領悟到的人際關係訣竅，好像就會直接從腦海中揮發殆盡。像這樣抓住的想法累積成一目了然的知識，讓我更加確定自己是什麼樣的人。

如果最近經常冒出一些想法或煩惱，我會回顧一下自己對這些想法或煩惱的觀點是否受到他人的影響，還是完全源自我的想法。就像和可以敞開心扉對話的人聊天一樣，可以一邊放鬆聊天一邊整理思緒。如果像這樣用聊天的方式整理好，也可以寫成日記或部落格。即使很麻煩，也沒有比記錄更能夠促使我們主動思考的工具了。現在寫的這本書也是因為一直以來抽空把想法記錄在記事本，才得以完成。

2 超越文字，連前後文也一起閱讀

前後文（context）指的是脈絡、前後狀況。我經常把前後文用在人際關係上。例如，遇到說出的話或行動令人無法理解的對象時，比起感情用事，我會更想知道對方為什麼會那樣行動。透過前後文了解對方的成長背景、不得不說出這種話的原因、當時身處情況的脈絡等後，就會知道該如何應對。

如果想培養洞察力，就要懂得閱讀隱藏在文字中的前後文。讀懂前後文會比只閱讀文字時，需要更多的能量和努力。因為這麼做，需要掌握背景，以及思考或苦惱的時間。如果養成練習掌握脈絡及思考的習慣，就可以提高更深入看待世界的理解能力，並培養出洞察力。只看表面的人和連內幕都讀的人看到的世界必然不同。閱讀前後文的方法大致有兩種。

① 提出問題。

② 試著變得難搞。

如果看到世代間的矛盾惡化的報導，不應該用「原來如此啊！」的態度跳過，而是應該質疑為什麼會惡化。矛盾是否真的惡化、報導中提出的資料可信度高不高、來源是否妥當等，讓我們稍微變得難搞吧！這將有助於我們進行批判性思考，擁有可以不被假新聞動搖，自己獨有的主觀。只有了解事情的來龍去脈，才能提問或反問，而在這個過程中，自然而然建立起邏輯。所以，如果發生某個現象，不要以單純的目光看待，而是要自己詢問並回答現象發生的原因及來龍去脈。

我在看影片或報導的時候，會故意晚一點再看留言。如果先看了留言，很容易下意識出現偏頗，所以在看留言之前，我還會先在腦海中整理自己的想法。比起先瀏覽留言視窗，習慣先提問並在變得難搞後接觸他人的意見，就不會再被他人的意見左右。

3 堅持閱讀，和文字變得親近

閱讀的行為有和運動相似的一面。就像如果不鍛鍊肌力，肌肉就會流失，若不常閱讀，詞彙能力就會下降，思考能力也會漸漸大不如前。**想要深入思考，最好多看書。**

因為有很多可以代替書本的有趣的內容，所以這個年代的人們很難靜下心閱讀。即便如此，仍舊存在著一群喜歡閱讀的讀者。他們為什麼選擇繼續閱讀？我認為那個理由就是學習。書本和補習班或線上課程不一樣，可以用低廉的價格學習他人的生活和智慧。因此，如果想培養知性魅力，更應該多多閱讀。

不過，不必把閱讀當成義務，從一開始就想要讀完一本又厚又難懂的書。閱讀擁有緊密世界觀的網路小說，或是利用空檔藉由智慧型手機閱讀電子書，都算是閱讀。我經常在上下班的路上，或是在約會地點等待朋友之類的零碎時間閱讀。就像在網站上閱讀文章一樣，有時我會選擇自己喜歡的書籍，並挑出自己感興趣的章節先閱讀。為了養成習慣，我開始每天閱讀五分鐘。像這樣抽空閱讀，閱讀量反而會比計畫好時間再閱讀時還要更多。

不一定要是書，即使是在彙集優質文章的網站閱讀某人的文章並進行考察也不錯。訂閱與自己觀點相符的專欄，或是在以「作家們的平臺」聞名的「早午餐」（隸屬於KAKAO公司的隨筆平臺）閱讀自己感興趣的文章，也是一種好方法。透過各種途徑接觸文字，對於閱讀的負擔也會漸漸消失。更重要的是，**堅持閱讀優質文章的人會養成思考能力，而從這樣的人身上感受到知性的魅力和好感，是一件很自然的事**。因此，我們有必要在某種程度上對文字上癮。

Hirenze Choinel

為了改變自己而閱讀的你必須知道的三種讀書方法。

♥好感筆記♥

有洞察力和有智慧的人所具備的特徵

●平時要記錄自己的想法

懂得自主思考的人，平時會整理自己的經驗和想法並記錄下來。藉由把知識整理得一目了然，將其變成自己的東西。

●讀懂文字內隱藏的前後文

代表文章脈絡的前後文可以提高更深入觀察世界的理解力。擁有洞察力的人會反覆提問，同時了解狀況的來龍去脈，藉此掌握隱藏的資訊，而不是淺嘗輒止。

●親近文字

透過一本書，可以學到他人的人生或智慧。這就是思考能力強的人喜歡讀書的原因。另外，他們利用訂閱彙集優質文章的平臺等多種管道閱讀文章，藉此培養洞察力。

不要隱藏窩囊的一面

偶爾會發生隱藏在我內心的窩囊，突然冒出頭的瞬間。如果狀態不佳或事情不順利，隱藏的不安感就會開始強調自己的存在感。從「這段時間的成就有沒有可能不是因為自己的能力，而是運氣好才得到」的想法開始，到「如果我變成不被需要的人，身邊的人都會離我而去」的不信任，以及對世界的疏遠等，腦海中產生各式各樣的想法。我不喜歡被這種連自己也不禁懷疑為什麼會這樣的消極想法束縛。這種時候，我都會因為不想被別人發現自己的懦弱，所以一直否認和隱瞞。然而越是壓抑，懦弱的自我越會被放大，最後反而壓制了我。

一旦陷入心中的泥淖，覺得開心的瞬間都將慢慢模糊，只會浮現被傷害的過去，結果動搖我們的自尊心。如果放任不管，憂鬱和無力感就會成形。已經逝去的過去無法改變，所以我知道由現在的我做出改變會更快。那麼，要如何改變自己才好呢？

因為爸爸工作的關係，我經常轉學。小學時轉學過三次、國中時一次。雖然有很多好處，不過也留下了一些讓我受傷的事。因為是轉學生，我曾遭受排擠或是過多的注意。在體育課需要兩人一組的時候，除了我之外，其他人都順利找到搭檔，或是因為英語發音而被疏遠的經歷，就算在已經長大成人的現在，偶爾也會不經意想起，令我感到害怕。就像在無憂無慮的狀況下，突然想起過去的記憶，而讓心臟劇烈跳動或一整天都意識到那段記憶一樣。

我不知道如果痛苦的記憶無法被治癒，便會留下創傷，儘管過了幾十年，還是會折磨自己的事實。因為過去的經驗，我很早就理解人們的心理，所以覺得傷疤已經慢慢淡化，甚至在工作時還用來當成內容的來源，傳遞人際關係的祕訣，所以我還以為自己已經克服。然而，由於最近沒有受邀參加一個聚會，讓我想起過去的記憶，連帶著那份令我不舒服的情感也一直困擾著我。這時我才知道，自己還沒有擺脫很久以前的傷痛。

尋找自己最害怕的事物吧！成長就是從那時開始的。

——卡爾・榮格（Carl Jung）

心理學家榮格將我想隱藏的樣貌稱為「影子」，並且指出只有承認影子，面對陰影時，一個人才能開始成長。**每個人都有自己的影子，而面對陰影並與其共存是發光的必要因素。**了解影子後，我意識到只有不再迴避自己試圖隱藏的樣子，內心才能變得健康。

我想起以前為了拍攝影片而設置燈光的時候。在創造視覺美感時，影子發揮很大的作用。如果沒有影子，人物就會顯得平面，無法好好展現實物之美。所以拍攝時，會在臉部兩側、後腦杓等多個角度設置立體照明。就像有適當的陰影才能活化人物個性和魅力一樣，如果可以與內心的陰影共存，就應該好好加以使用。

2 尋找告白內心的工具

我曾經因為瘋狂迷上音樂，甚至曾自己作詞作曲。不過在寫歌詞時，只想到深奧又憂鬱的句子。我想製作的歌曲不是黑暗的類型，這讓我覺得很奇怪。過了很久後才知道，這是我本能想要治療內心陰影的過程。在作品中表現出與平時不同的暴力性、憂鬱、孤僻，就是用健康的方法接受榮格說的那個「影子」。

以正面的態度昇華自己不幸的人之中，有位著名的人物。她就是墨西哥畫家芙烈達・卡蘿（Frida Kahlo）。她的一生都在畫自己的傷痛。雖然夢想成為一名醫生，但是在十六歲時不幸遭遇交通事故，導致下半身癱瘓，不得已放棄了夢想。之後，她發現自己有繪畫天賦而成為畫家，不過依然過著痛苦的生活。丈夫不停出軌、自己罹患不孕症，還動過三十多次的手術。一個人如果經歷這些事，人生可以說是痛徹心扉。她的畫作黑暗到被誤解為超現實主義作品，有時甚至還帶著一點神祕感，是需要用盡身心去經歷的現實。

人們認為我是超現實主義者。

不過，我從來沒有畫過夢境。我描繪的是我經歷過的現實。

——芙烈達・卡蘿

儘管如此，卡蘿仍然熱愛自己的生活。她的畫作和故事之所以可以感動後代，也是因為這個原因。下半身癱瘓，只能躺在床上的時候，她的身邊有一面畫布和可以看到自己模樣的鏡子。她沒有迴避自己的樣子。她的作品中有很多正面凝視的自畫像，也與此有關。

就像芙烈達・卡蘿一樣，我相信我們都有一面鏡子可以好好端詳自己。即使不是繪畫或音樂，思考和創作自己感興趣的事物時，整個過程都能看到影子。作為告白自己內心的工具，你想照什麼樣的鏡子呢？

2 試著和別人分享

在前面的內容曾經提過，如果經常說好聽的話，可能會讓真誠的態度褪色。我反而會在操縱影子時利用這一點。越是想要盡快遺忘或覺得厭煩的回憶，越是需要向值得信任的人吐露心聲。在盡情吐苦水的過程中，甚至會讓人從某個瞬間開始，冒出這個問題似乎就變得沒有那麼嚴重的想法。

曾經有一段時間，我反覆做著同樣的夢。在現實中無法對過去在職場上讓我感到痛苦的人說出口的話，趁著作夢時盡情說出來之後，我就會從夢中醒來。知道自己從那個人身上受到的傷害比想像的還要深，所以從那個時候開始，我就想要擺脫自責感。其中一種方法，就是把自己的情況告訴親近的人。

反覆製作內容也發揮相似的效果。因為不管願不願意，至少要面對三次相同的深淵。為了製作影片，寫腳本時一次、拍攝時一次，而最後一次則在親自剪輯的時候。像這樣確認過去的傷口，再向訂閱者分享的行為，讓過去的陰影漸漸淡化。把讓我如此痛苦的反派變成我的繆斯，並且感覺到沉澱在心中的影子變成了光芒。

如果很難向別人傾訴，就嘗試打造只有自己知道的樹洞吧！非公開的社交帳號、日記本、自言自語的ＶＬＯＧ、語音錄音等方法也都不錯。大聲說出來的情感淨化方式可以治療傷口，而發現或領悟自己不知道的情感則是附加價值。

我喜歡在面對深淵時混入一些幽默。如果以「又得到靈感了耶！」、「我很窩囊吧？」等方式，在不過度自嘲的同時，**用自己可以接受的幽默一笑置之，不安的感覺就會減輕很多。當我們覺得生活變沉重時，幽默和詼諧是最好的解方。**

度過明天的力量

因為老實的個性，一直以來我都過得非常辛苦。再加上想法也很多，我的心沒有一天平靜過。經歷艱難的環境，我的生活中，沒有空檔讓我覺得無聊。不知道是只有我才經歷這麼多曲折，還是大家在生活中都經歷過這種事，我一直沉浸在愧疚感中，然而某天看了電視劇後，我突然明白了。人生遇到困難的時候，就把自己當成電視劇裡的主角吧！

電視劇的主角大多是身處複雜環境中的立體角色，並且會經歷內、外在的考驗。在現實生活中，提高生活難度的危機正是電視劇裡促使劇情發展變得有趣的要素。因此，對所有主角來說，危機是必然的。正如同在電視劇的公式中，「危機↓解決」是不可缺少的部分一樣，在危機達到高潮後被解決的過程中，主角就會展現存在感，觀眾也會代入感情。危機會讓主角更像主角。反之，配角則相對較平面，或是與主角發生相當重要的矛盾。和主角越親近且重要角色，其特色就越立體且容易和主角發生矛盾，而比重越小的配角，需要經歷的苦難就越少。

以這個意義來說，**如果人生中遇到很多曲折，就把人生當成電視劇，而自己就是引領電視劇的主角吧！**說不定會成為一名完成帥氣、精彩故事的主角。此處有一個條件，就是克服階段。在「開始↓發展↓危機↓高潮↓克服↓結局」的過程中，如果少了「克服」，就難以成為人們會喜歡的電視劇結構。人生也是如此。危機不會一直降臨，而我們總有一天會克服。

如果因為即將到來的考驗而產生負面想法，那麼現在對你來說，正是「主角季」。我在面臨職業倦怠的時候，正是主角季。在好不容易克服「如果被車撞到，是不是可以休息兩個星期」的想法，順利走完的上班路上，被我當成模糊的救命繩抓住的是身為主角的未來。準確來說，我會想像著當自己頭髮花白時，向正在努力生活的年輕後輩們說出「我最後克服了」這句話的瞬間，並且反覆告訴自己這一切終究會過去。

然而，我知道現在的生活正值寒冬，所以我的心若受到寒風襲擊，就會想要躲進洞穴冬眠。正如同痛苦雖然會帶來成長，卻因為成長痛而感到痛苦，反而會大喊著不想長大一樣。然而，需要自己維持生活的成年人大部分都很難說辭職就辭職。以前的我因為過著如同倉鼠不停跑滾輪般的日子而感到痛苦。加班是基本的，而且在加班的疲勞還沒有消失之前，就必須提出新的想法並在短短幾天內做出成果。當時，我的願望是每天可以睡滿七個小時。沒有寒暑假的上班族，到死都必須這樣生活嗎？別人好像過得很好，我為什麼不能像他們一樣呢？為什麼人際關係會這麼困難，生活又為何會這麼辛苦呢？我曾經像這樣陷入自我憐憫中。有時會成為一隻鬥雞，有時卻又對人生抱持悲觀態度。

經歷過情感的漩渦而墜入谷底後，我才看到了克服的方法。並不是成為悲劇的主角迎接悲傷的結局，而是讓我把自己視為成長題材電視劇主角。直到現在，每當我遇到困難時，還是會使用這些方法。

1 創造時間之點

在我二十歲出頭的時候，發生了一件足以撼動人生根基的事件。當時的我無法依靠任何人，整個世界彷彿只剩下我一個人。我每天都會做惡夢，然後哭著醒來。當絕望和孤獨達到極點時，總覺得我會完全放棄自己，於是決定必須要做點什麼。當時休學的我暫時停止學習，前往菲律賓的一座名為「大雅台」的小島。這座島上住著來自世界各地的青年，過著自給自足的生活。日常生活是利用進行志願服務和勞動獲得的微薄日薪去採買，然後一起做飯吃。在那裡一個韓國人都沒有，我和擁有各種國籍和故事的人一起生活了兩個月，那段時間讓我重新振作起來。

其中，我曾和兩個朋友以特別的方式互相安慰。曾經和我是室友的B某有個認識十年，從朋友開始交往了好幾年的男朋友，卻因為一場突如其來的交通意外天人永隔。B某說，失去男朋友後，她曾經整整一年都只穿暗色系的衣服。這樣的B某對我說的話，至今還言猶在耳。

「我們是瓷器，被神努力燒製並修飾。為了完成我們這些瓷器，需要把我們送進大火中，這個時候我們會放聲哀嚎：『為什麼要讓我這麼痛苦？燙死了！』不過，這都是為了完成我們的過程。」

另一位朋友S不僅失去了哥哥，她本人也遭受威脅。她的哥哥因為偶然和黑手黨的女朋友牽扯在一起，最後不幸被殺了。她不只在家門口發現了哥哥的屍體，就連她本人也受到威脅，最後逃到位於遙遠國度的這座小島。我們就這樣背負著各自的包袱，踏出了沉重的步伐。

我覺得那一瞬間就像詩人威廉・華茲渥斯（William Wordsworth）說的「時間之點」（a spot of time）一樣。以華茲渥斯寫的詩作而廣為人知的〈時間之點〉存在於所有人的生活中，意指在人生中留下深刻印象的經驗。如果每個人都把時間之點藏在心裡，就可以在艱難的時期恢復自己的心，或是乘勝追擊，成長至更高的境界。

我曾在當時的日記本寫下〈時間之點〉詩句並反覆品味。雖然有讓人崩潰的痛苦，但是我能夠得到繼續活著的力量，都是多虧了一起度過相似的時間，並互相撫慰的朋友們。和他們一起生活的經歷對我來說就像「時間之點」一樣。在之後的日子裡，如果人生危機達到極限，我就會找出可以讓自己重新呼吸的時間之點。

我現在也想製造很多時間之點，因為美好的記憶和歸屬感告訴我，這個世界上不是只有我一個人。**為了不讓自己在寒冬來臨時感到空虛，各位也應該把如同時空膠囊一樣，只要拿出來看一看就會覺得幸福的回憶深植於心中。**

2 銘記人生金句

每當艱難到連煩惱都是奢侈的時期，我都會拿出多位人生前輩的話來勉勵自己。尤其，我喜歡像古典作家或哲學家等，先走完人生的他們寫下的字句。生活在幾十年、幾百年前的人們也擁有和我一樣的苦惱，並且已經找到答案，還寫成書流傳下來，這不知道是多麼幸運的事。他們說過的話裡，藏著跨越時代的共鳴和安慰。生活在可以乘坐飛機全世界到處跑的人，從生活在乘坐馬車、親手寫信的時代的人身上得到安慰，莫名讓人覺得浪漫，也如同科幻片一樣魔幻。

> 在疲憊不堪的時候，絕對不可能做到冷靜反省，因此反省必然會使人陷入憂鬱的陷阱。疲憊的時候，不要反省、不要回顧、不要寫日記。
>
> ——尼采（Friedrich Nietzsche），《朝霞》（*Morgenrote*）

若是支離破碎
會得到碎片
若是支離破碎
可以支離破碎地活著

——鄭浩承，〈支離破碎〉，《在這短短的時間裡》（이 짧은 시간 동안）

其中，尼采和鄭浩承詩人以簡短的字句帶給我力量。透過閱讀他們的文章，我領悟到自己面臨的困難是無論在哪個時代，都會遇到的普遍問題，最終讓我得以擺脫苦惱自己的人生為何會這樣的自我憐憫。在進行「是我太敏感了嗎？」、「我很奇怪嗎？」等過度自我檢視的瞬間，我也會想起前輩們的名言，敦促自己健康的思考。

所以，我希望各位也可以遇到有助於維護日常生活，並讓自己活得正面的人生金句。藉著發現喜歡的句子，並長久地銘記在心的過程，讓我們無論遇到什麼事情，都能夠不被動搖，成為散發耀眼光芒的人。

♥好感筆記♥

當人生遇到危機時，能夠加以克服的態度

●像電視劇的主角一樣思考

電視劇通常會依照「開始→發展→危機→高潮→克服→結局」的順序進行。如果遇到人生的曲折，想像一下自己正身處「危機」階段吧！就像最終戰勝考驗的主角一樣，我認為這種危機是可以克服的。

●和身邊的人分享歸屬

有一種感情光是向他人傾訴就能夠被消除。不管是瑣碎的小事，還是經歷了大事，試著向身邊能夠產生共鳴且與自己關係親近的人談談吧！說不定與我們有關聯的這段時間會成為美好的回憶。

●將只屬於我的人生金句銘記在心

就像書中的句子或電影的經典臺詞一樣，生活中偶爾會遇到一句可以打動我的語句。把那些句子匯集起來吧！每當感到疲憊的時候，光是翻看這些名言金句也可以得到安慰。

結語

在撰寫最後一章時，我試著回想在我的人生中，第一次為我帶來好感記憶的人是誰。這個答案其實不難找到。就是我的母親。不只是我，我的母親也帶給很多人好感。用明朗輕快的笑容迎接對方，而且不管是誰，她都可以率先從對方身上發現優點，並用語言表達出來。因為從小就給予我很多的愛，所以令我感激的是，我有與媽媽很相似的優點。因此，讓發光的人們更加耀眼的製作人這份工作相當適合我，也讓我成為替那些散發好感與魅力的人物寫下故事的人。

不過，如果要說這種性格是獲得好感的祕訣，其實也並非如此。有人因為喜歡我的性格而產生好感，也有人為了同樣的理由，而對我感到反感。就像某些人眼中的最佳食材，對其他人來說，可能會是討厭的食材一樣。有趣的是，學生時期非常討厭我的人，以及沒有任何原因，莫名其妙詛咒我後便消失的惡意留言者說出口的話，和喜歡我的人對我的特色做出的形容，只是表面上看起來不同，最終其實是一樣的。

「天生就在三壘上的人，還以為自己真的打出了三壘安打。」

有一天，參加其他頻道節目的我收到了這樣的留言。我在人生中經歷的諸多困難，人們當然不知道。然而，我選擇說出來，不是為了得到認可，或是想要證明什麼。有人對我的故事產生共鳴，也有人會嘲笑或排斥。所以，即便沒有得到他人的好感，也不要氣餒。不要為了不被討厭，也不要為了得到好感，而勉強改變自己固有的特色。就算沒有人賞識，我就是我。只要認同自己走過的路，並珍惜自己的美好與缺點即可。至少我很了解自己的生活。被最了解自己的我認可，不是世界上最重要的嗎？

得到人心是一件困難的事。人類的科技雖然大幅發展，至今卻尚未開發出保證可以抓住人心的丘比特之箭。就像每個人的長相都不一樣，心的形狀也各不相同且複雜，所以不管累積再多的經驗，人際關係還是新鮮的事物。因此，賞識我並與我結緣的人，對我來說更加珍貴。想要得到他人的好感卻不幸失敗時，與其一直回想那顆得不到的心，並為此感到痛苦，不如培養感恩回應自己的另一段緣分。

在寫這本書的時候，我想起數百位帶給我靈感的明星，因此覺得很幸福。另一方面，我也很好奇。就像我對他們產生好感一樣，他們是否也對我，或是我製作的節目產生了好感？大概還不到我心中想的那樣。因為我扮演的角色是陰影和甘草，所以有更多的人不記得我。不過，當我們相遇的瞬間，彼此都盡了各自的全力完成內容。因為當我偶然再次與擔任製作人時期結下的緣分重逢時，還是會提起當時的一些回憶，彼此都會高興地討論起來。

雖然因為人而感到困難，不過從人的身上，也可以得到強大的力量。從這個意義上來看，最後不得不提及直到這本書出版為止給予我力量的人。從人生最困難的時期到現在，一直陪伴在我身邊的我的愛、讓我知道愛情真正意義的小跟班、造就現在的我的父母和家人、真心與我分享喜悅和悲傷的獨一無二的朋友們、用感人的話語為我撰寫推薦詞的帥氣人生前輩們，以及時隔三年，再次幫助我寫書並引導我的 Book Romance 出版社。此外，我想要把一些看似無聊的獲獎感言，卻是我一直想說的話，獻給願意理解我這位作者，並且充滿耐心把這本書讀到這裡，在這個世界上最具有好感的讀者們。希望這本書可以讓各位的人生更有魅力、更豐富且具有特色。

國家圖書館出版品預行編目（CIP）資料

好感的開始：如何贏得朋友，打造期待再次見面的獨特魅力／崔渶善著；莊曼淳譯. -- 初版. -- 新北市：方舟文化，遠足文化事業股份有限公司, 2025.06
面；　公分. --（心靈方舟；63）

譯自：호감의 시작

ISBN 978-626-7596-89-0（平裝）

1.CST：人際關係　2.CST：社交技巧

177.3　　114004837

方舟文化官方網站　　方舟文化讀者回函

心靈方舟 0063

好感的開始

如何贏得朋友，打造期待再次見面的獨特魅力

호감의 시작

作　　者　崔渶善（희렌최）
譯　　者　莊曼淳

選題策畫　林雋昀
封面設計　張天薪
內文設計　莊恒蘭
特約主編　林怡君
行銷經理　徐千晴
總 編 輯　林淑雯

出 版 者　方舟文化／遠足文化事業股份有限公司
發　　行　遠足文化事業股份有限公司（讀書共和國出版集團）
231 新北市新店區民權路 108-2 號 9 樓
電話：（02）2218-1417　傳真：（02）8667-1851
劃撥帳號：19504465　戶名：遠足文化事業股份有限公司
客服專線：0800-221-029　E-MAIL：service@bookrep.com.tw
網　　站　www.bookrep.com.tw
印　　製　呈靖彩藝有限公司　電話：（02）2221-3532
法律顧問　華洋法律事務所　蘇文生律師
定　　價　380 元
初版一刷　2025 年 6 月
I S B N　978-626-7596-89-0　書號 0AHT0063